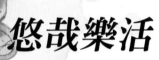

悠哉樂活
壓力管理的八把金鑰
8 Keys to Stress Management

Elizabeth Anne Scott　著／潘正德　譯

8 Keys to Stress Management

Simple and Effective Strategies to Transform Your Experience of Stress

Elizabeth Anne Scott

本書將獻給我摯愛的先生 Jamey，及兒子們 Jake 和 Cameron James，因為他們是我生命中活力、意義與關愛的維繫力量。

同時獻給我的祖父母及外祖父母，James 和 Phyllis Kudrna，以及 Leo 和 Charlene Schuetz。他們是我寫作靈感的泉源，因為他們在壓力管理及活出長久快樂又健康的生活方面，做出最好的模範。

最後，我也要將本書獻給每一位遭遇壓力，並且願意用最健康的方式去管理的有緣讀者。我們或許都經歷過許多不同又獨特的壓力，但我深深相信，我們都樂意以最好的方式分享，俾對自己、所愛的人和我們周遭的人都有助益。

目次

Contents

Elizabeth Anne Scott 是一位屢獲部落格獎項者，更是一位獲得諮商輔導碩士的健康福祉教練。藉由閱讀她的系列文章及參加壓力管理工作坊，成千上萬的人獲得幫助，學會面對及處理如影隨形的壓力。

潘正德

現職｜中原大學人文與教育學院通識教育中心榮譽教授、
臺灣師範大學教育心理與輔導學系兼任教授、教育
部統合視導訪視委員、高教評鑑中心評鑑委員、台
灣輔導與諮商學會理監事、《中華輔導與諮商學
報》編輯委員、《臺灣諮商心理學報》編輯委員、
國家考試命題委員等。

曾任｜中原大學人文與教育學院院長、學務長、校牧室主
任、學生輔導中心主任；《通識教育學刊》總編
輯；光武工專輔導室組長、主任；徐匯中學教師
等。

致謝辭

我很幸運能出版本書，因為我相信壓力是人們生活中最具關聯性及急迫性的議題之一。我誠心期望能幫助人們學習新的因應策略，以改善他們的生活，並體驗到逐漸豐盛的日子。因著許多人士一直以來所給予我的支持、鼓勵與資源，本書方能出版並呈現在你的手中。因此，我真摯感謝我的家人、好友及同事們。當我表達謝意時，下列人士尤須特別致意：

首先且是最重要的，由衷感激叢書主編 Babette Rothschild，她規劃這系列美好的叢書，並邀我加入其中，同時又提供智慧與和善的協助；而最重要的是，因著她的支持，使本書的撰寫過程較以往更輕省與容易。同時，也真誠的感謝我的編輯 Deborah Malmud 提供出版本書的珍貴機會。她的專業協助與支持讓我銘感於心，能與她共事是此生最大的榮幸。我也發自內心的感謝在 W. W. Norton 為本書一起工作的夥伴們，我們共同努力的過程何其美好。

我無法全然的表達對我先生 Jamey 以及兒子們 Jake 和 Cameron James 的感謝，因為他們豐富了我的生命，並且他們的耐心、鼓勵與支持對我非常的重要。

Acknowledgments

　　也要謝謝我最好的朋友 Elmarie Hyman，及我的父母 Scotty 和 Jeanne Schuetz，他們親身協助校對，給予我額外的支持及真實的幫助。此外，還須謝謝 Tom Head 和 Rod Brouhard 的專業建議，讓我的寫作過程能不斷前進。我要真摯的感謝好友 Kris Doyle、Laura Dolson、Elmarie 的全力支持，她們是我寫作過程的啦啦隊長、鼓舞者、傳聲筒。我的家人，特別是 Dann Schuetz、Heidi Atienza 及 Cindy McCormmick，正如我的同事們、學者專家們、教授及學生們，終年提供我想法、洞察力、發人深省的問題及鼓舞。我要向我的教授及恩師們，特別是在初始影響我最深的 Dr. Emery Cummins 表達謝意。我也要感謝並歸功於 Dr. Martin Seligman 及熱衷正向心理學領域的學者專家們所做的開創性奠基研究。 所有上述人士及一些未提及的人（我相信你們都知道就是你），都曾開啟我個人新的學習路徑與專業成長，以促成本書順利的完成。

1950 年代，Hans Selye 在他傑出經典的《生活中的壓力》（*The Stress of Life*）一書中，最早研究、定義及命名我們所稱的**壓力**。他研究壓力時曾觀察到，人體系統與器官在持續高腎上腺素和其他賀爾蒙的影響下，會產生持續性的變化，此即我們現今熟知的「壓力賀爾蒙」（stress hormones）。

壓力通常與不愉快的狀態和經驗連結，但是客觀地說，它既不是正向也不是負向的。事實上，壓力僅是對生理和情緒需求的單純反應，Selye 將其稱之為**壓力源**。值得重視的是，壓力並非總是負向的或甚至是不受歡迎的。你可能驚訝的發現，許多愉快的經驗事實上是壓力的結果，例如：性高潮的歡愉，刺激的騎自行車挑戰，充滿愛、溫馨、興奮的婚禮，以及修整花園時體驗到的滋養與滿足感。壓力也是救星，當人們遭遇威脅生命的情境，它能讓你發揮超人的速度或力氣，做出逃脫或解決危險。然而，當我們談到壓力時，通常是指不愉快的壓力，它經由不利的事件或環境啟動，因著我們的覺知和思考而加劇。

每個人在一天當中，都會經歷或多或少的壓力。當然，有些事是我們無法避免的，因此學習更好的掌控壓力是個好主意。近來，我建議我的同事 Dr. Christiane Wolf，

她是 Jon Kabat-Zinn「當下覺知減壓方案」（mindfulness-based stress reduction）有證照的教師及訓練者，將此方案更精準的更名為「正念減壓**管理**方案」（mindfulness-based stress *management*）。基本的因素是：由於我們無法逃避壓力，每個人（包括我自己）都要學習有效的管控它，以減少對身心不利的負面影響。

　　在我最初構思八把金鑰心理衛生叢書系列時，將幫助與壓力共舞的讀者之想法，列入核心主題的首選。我想要找能自然的激發人又能直言讀者的作者，因此系列最後一卷（eventual volume）會比一般教科書或鉅著呈現較多的個人化教導。有一天，同事 Christiane 推薦我去瀏覽 Elizabeth Anne Scott 的網站。Christiane 自身就是壓力管理專家，她認為此網站的資訊提供了頗有智慧及非凡的助益。當我連結此網站後，立即被吸引且印象深刻。我認為 Scott 深切了解人們壓力的脈絡，且知道如何去幫助他們。從她的網站內容可看出，她有易親近及靈巧的寫作風格——**多數**瀏覽者也都同意。

　　也許有人會認為，Scott 身為兩個小孩的年輕母親，嫁給她大一時期的愛人，壓力的親身體驗應該較少。但事實上，她十五歲時，遭遇嚴重車禍意外而倖存，頸部、骨盆及手臂都骨折。她耗費數個月做心理及生理的復健，同時需要追趕學業及兼顧同學間的相處社交。在這些嚴酷考驗中，她學習許多管控壓力的知識並實踐在緊湊又緊張的生活中。這些經驗幫助她度過大學生活及初為年輕人母的壓力。及至目前，她還須兼顧家庭生活

及撰寫博士學位論文，又要符合身為作者的期望水準。壓力管理無疑是 Scott 能順暢執行個人行事曆的首要因素。

　　《悠哉樂活：壓力管理的八把金鑰》涵括最好且最有效的知識和技巧，這些都是 Scott 多年來歷經車禍、學生身分、教師專業等所累積的寶貴經驗。從她的著作中你會發現，她是天生的好老師，她鼓勵的聲調令人喜歡。本書架構富邏輯性，還有豐富的說明演練及指導，能幫助你從展讀第一章起，就可降低紓緩你的壓力。而 Scott 的文筆使八把金鑰心理衛生叢書系列更為傑出。

叢書主編

Babette Rothschild

序

　　這些會是什麼樣的感覺呢，當你在日常生活中對於所發生的問題能感受較少的壓力，而無需防範無可避免的壓力？能看到他人可能錯過的良機，並開啟導引幸福的新路徑？讓自己能品味好時光，並在不順遂時更能輕鬆以對？只需藉由一些練習，你就能擁有想要的新行為模式。

　　本書寫作的目的是要幫助你改變生活中所有的壓力經驗，使你可以擁有全新的可能性。藉由本書學到新的技巧，能更好的管理面臨的壓力，增強內在與外在的因應資源，建構起新生活方式的策略以及好的生活習慣，能提升面對生活中無可避免的壓力源之復原力。

　　從我個人的經驗與專業得知，這些技術確實頗能奏效。從許多受助者與讀者們的回饋中，也顯示本書提出的諸多策略，已經幫助他們活得更健康、更幸福。本書揭露的所有技巧，是我過去實際練習的體驗，並已親自證實有很好的效果。本書蒐集的壓力管理工具，已有效幫助我因應從平凡生活的種種困難到嚴重的危機，及生活中重大的挑戰，我相信必定也能幫助你。

　　你無法消除日常生活中的壓力，甚至在面臨壓力時會讓你短暫的失衡。然而，這些技巧——不論是單獨的使用或不同組合的運用——都能讓你快速又有效地回到生活中

心點（a place of feeling centered），有時甚至是在你尚未覺察到你需要生活中心點之前。這些策略能實際地幫助你在面臨壓力時學習掌控及成長，並在經歷的過程中逐漸茁壯。它不僅協助你從生活壓力中倖存，更能在學習因應壓力的過程中充滿活力。本書將告訴你如何達成。

壓力已經是現代人如影隨形的產物，適度壓力固然可以激發人的潛力，於短時間內產生令人驚奇的效力；但長期而言，欠缺有效管理的因應，容易心力交瘁，損傷身心健康，造成免疫功能衰退、疾病纏身等問題，這早已被諸多學術研究所證實。

本書《悠哉樂活：壓力管理的八把金鑰》是一本精要、實務、優質的自助型態心理健康書籍。內容聚焦於幫助身處現代生活種種困境中的讀者們，以優質易行的方式提升自我調適與因應的能量。換言之，本書希冀讀者們能在現代社會充滿不確定、競爭、生存壓力的生活型態中，善用此壓力管理的八把金鑰之理念與知能，為自己找到安身立命的生存之道。

作者 Elizabeth Anne Scott 不僅是壓力管理領域的專家，她更是少數親身經歷過十五歲嚴重車禍的創傷壓力，照顧兩名小孩的年輕母親之親職壓力，身兼家族治療碩士學位與健康心理學博士學位論文的學術壓力，以及身為教師、諮商師、運動教練等多重身分與要求下之角色壓力倖存者。作者從專業與實務體驗不斷的揉合中，精要的呈現以實證研究為基礎的結果。令人驚豔的是，她能將最新盛行的理論，以淺顯易懂的敘述讓讀者理解，進而提供立即

性及實務性的資訊，顯示出充分尊重並迎合讀者需求的樣貌。讀者只需依循書中精簡實用的策略，持續不斷的練習，就能以自助方式獲得嶄新及更好的因應能量。

　　本書與譯者另一本譯著 Jerrold S. Greenberg 的《壓力管理》同樣屬全人關照的理論與實務兼具之作。然其中最大的差異在於，本書偏向自助式自我操練增能，以達成壓力因應的效果；而後者，則強調全方位壓力管理知能的建構方式。前者可透過自我獨立學習將壓力因應立即行動化；後者則在師生共學的學與習歷程中，深入且全面性的竟其功。此外，本書可以透過逐章閱讀、實際操作來進行，也可以因時因地選擇需要的章節內容閱讀學習。不論如何，有始有終的閱讀加上持久練習，都能從中獲益並逸趣橫生，享受美好的新生活。正如張文亮教授所言，「喜歡將閱讀當探險的人，不喜歡在盆栽、插花裡認識花朵，而是在野花滿布的地方，摘取自己所要。」現在，您已看到所要的了。

　　本書所有章節內容都是原作者窮其一生學識與體驗的心血結晶，譯者盡量貼近文句脈絡，忠實翻譯而不違逆原作者的心意與智慧。能獲邀翻譯本書，第一手閱讀雖是賞心樂事，但力求逐句斟酌、查閱文獻、審慎以對，惟恐因才疏學淺造成遺珠之憾。由於本書內容豐厚，譯文失誤恐難以避免，敬請學者專家海涵。

　　本書能順利出版，先要感謝心理出版社林總編輯敬堯的邀約與鼓勵，陳文玲執行編輯的協助，以及謝謝中原大學應用華語文學系校友周思媛小

姐的潤稿，增加本書的可讀性。另外，感謝威斯康辛大學（University of Wisconsin）Dr. Kassera 教授的傾囊相授，開啟譯者在壓力管理領域的視野與思維。而內人林薇老師在吳教授英瑋及許教授文耀的指導下，完成壓力管理初階與進階訓練，並曾任紓壓小團體輔導員，從輔導實務及理論操作上，提供本書翻譯上的寶貴意見，為本書增添不少色彩。特此一併致謝。

中原大學人文與教育學院
前院長暨榮譽教授　潘正德

緒論

　　潛在的壓力源處處可見。壓力的經驗是如此的難以避免，以致於想要消除所有的壓力時，反倒導致**更多**的壓力生成。然而，某些型態的壓力是良性甚至有益的，並且所有的壓力都可以被紓解及管理。甚至壓力紓解的小良方都可能產生好的回饋，只要這些小方法能引領到正向改變的連結反應。因此，任何對壓力管理付出的努力，尤其是妥善的計畫，會真正轉化你的生命。藉由深入的了解什麼事構成壓力？壓力從哪裡來？壓力如何影響我們？我們才能知道在生活中，應當採取哪些良方以有效的管理壓力。首先，我們要深入的了解什麼是壓力。

當我們談論壓力時，意旨為何？

　　壓力（stress）一詞被用以表達許多事，而且能當作名詞、動詞，或形容詞使用。「我正在處理生活中的許多壓力。」「處理這麼多工作讓我充滿壓力。」「我有頭疼的壓力、有渴望想吃巧克力的壓力，這讓人多麼有壓力！」一般說來，我們都能明白在使用壓力一詞的意旨，但是我們卻很少覺察其間細微的差異。

　　在生活中談論壓力時，我們多指向**壓力源**（stressors）。壓力源是指促使我們做反應的情境，這個情境會引發我們身體的壓力反應。這些引發的反應有可能是正面或負面的，但是其共通點是都需要做反應。基本上，生活中的壓力源就是產生壓力的那些事。

　　當我們說我們**正經歷壓力**，經常是指我們在度過生活中所感受到的壓力源之影響。而當我們的壓力反應被引發時，使無法如過往般的應付自如。你經常耳聞壓力之影響，壓力反應如何改變昔日的功能型態，以及面對許多明顯或隱藏的壓力源，所做出的改變或無效的因應方式，仍然記憶猶新。我們對所關愛的人發脾氣、犯下不常發生的失誤、享用了無益於健

康的食物而後悔莫及，或在生活中製造更多的壓力事端。本書專為幫助想脫離壓力狀態，以及想恢復生活中心點應有的功能者而撰寫。

對我們而言，當事情讓我們感到**壓力滿載**時，通常壓力情境已經超出我們已有的壓力因應資源了。這些資源可能是屬於心理的或生理的，例如：如果你沒有能力償還抵押貸款、工作中沒有多餘時間完成大型合作計畫，或午後缺乏耐心去陪伴二十位初學走路的幼兒。這些情境讓你倍感壓力。有時我們的確不知道如何獲取可利用的資源，或是需要找到情境處理的新方法。因此，許多壓力管理是攸關如何在生活中維持內在和外在資源，以有助於生活中壓力源的管理。我將會在本書中盡我所能地深入探討。

現在，當我們說到**壓力**時，比較清楚是怎麼一回事了，讓我們一起來探討不同類型的壓力。某些型態的壓力於我們有益，另一些又對我們有害，總之，不同的壓力型態應有不同的因應方法。因此，了解我們正遭遇到何種壓力、壓力管理的目標為何，以及我們該當如何因應，這是很重要的。

所有的壓力不全都一樣

當我們在媒體讀到壓力一詞，幾乎千篇一律地指出壓力的負面部分。在生活中談論壓力時，也幾乎不論及壓力有讓人讚賞的真實面。有關壓力效應的實證研究結果，一般也多是指出其負面效果。然而，不是所有的壓力都帶來相同的影響，其影響也不全然是不好的。在生活中，大多數的人們都經歷到下列壓力類型的混合型態。

良性壓力

這類型的壓力在生活中，對我們有真正的益處。良性壓力的英文

「Eustress」在希臘文是指「好的壓力」，亦即使我們的生活維持在興奮狀態的壓力類型。這類型壓力促使我們的血液流通加速，身處警覺狀態，如同其他類型的壓力反應一樣，但從良性壓力感覺到的是興奮狀態。良性壓力源自當我們感受到適量而無害的壓力所帶來的挑戰，或當我們正體驗某些刺激因素。這些情況可能發生在當我們正朝著重要目標而努力工作時，或在活力充沛的宴會中開懷享受時，或搭乘刺激有趣的雲霄飛車時。對我們而言，經歷良性壓力是重要的。欠缺這種讓你振奮、精神充沛所產生的良性壓力經驗，生活中將缺少樂趣和意義，反而容易導致心理的憂鬱、沮喪。

然而，良性壓力的訊息不全然都是好的。我們的身體無法區辨良性壓力或毫無樂趣甚至令人沮喪的壓力，因此造成良性壓力在生理上引發能量耗損，並將所經歷到的壓力累加。在此情況下，良性壓力仍將具有負面的影響。然而，由於良性壓力令我們感到充滿活力，因此，具體可行之道在於敏銳覺察良性壓力潛在的正面與負面影響，接著擬定好因應計畫。例如，若你已經身處高壓力的狀況，就要減少去找尋驚險刺激的經驗。不論你多麼樂在其中，為了維持良性壓力而不被壓力壓垮，量力而為，穩健而行，就能免於被壓力吞沒。關鍵點即在找到平衡。

急性壓力

良性壓力是急性壓力的子型，不論是身處良性壓力或沮喪形式，都是短暫出現的。急性壓力來自於急需反應的一起事件：一次具挑戰性的考試、一件小車禍的處理、一場酒會的辦理等。急性壓力的情節不盡然都要付出身體嚴重的代價，因為它來得快、去得也快，除非它是持續不斷的出現。因此，我們有機會讓身體恢復，並且能繼續正常的過日子。

然而，若在急性壓力過後，你的身體仍無法自動恢復到放鬆狀態，

就需要接受一個好建議，去學習某些快速紓解壓力的技術（詳見**金鑰 2**），以有效的管理急性壓力。不過這類型的壓力通常不需要完整的壓力管理計畫。

情節式壓力

情節式壓力（episodic stress）來自於急性壓力的一再累積而成。我們的身體不見得有機會能輕易恢復往昔正常功能，因此我們需要了解這類型壓力的代價；停留的壓力反應會隨時導向更嚴重的結果，並且要耗費比預計更多的時日去因應。當我們談論壓力諸多層面及嚴重的負面影響效果時，情節式壓力與慢性壓力都是罪魁禍首。這類型的壓力似乎是不會中止或緩和的。我們若經常性地經歷著各種強度的壓力，身體將難以自發性恢復。當我們經歷太多這種壓力時，就能清楚了解這些類型的壓力十足。設計一個壓力管理計畫對情節式壓力是十分有效的，當我們有了壓力管理計畫，不僅可以處理及減少導致情節式壓力的情境，同時也可以發展出改變壓力反應的方式與因應類型，如此，我們就可以降低因過度壓力而產生的傷害。

慢性壓力

當我們感受到這類型的壓力時，常是身處在不預期又高要求的工作情境中；一個高度衝突的關係；或活在滿檔又具難度的日程安排中，卻少有喘息機會。情節式壓力與慢性壓力的最大差異是情境因素，慢性壓力的情境因素常引發我們快被壓力吞沒的感受，並且少有一條立即性的出路。當我們在慢性壓力情境中，容易失去所有解決問題的盼望，導致我們會放棄去嘗試再努力。這類型的壓力如此地具穿透性，使我們身歷其境時，不再能敏銳覺察壓力的內容以及因壓力造成的改變。

慢性壓力常超過我們人體所能處理的情況。壓力的反應可以藉由激發我們做出改變,並且提供我們繼續前進所需的能量,而適時因應有害於我們身心安適的威脅。壓力反應可以幫助我們脫離危險的掠食者,並促使我們自己群策群力,來克服使我們生活型態陷入困境的障礙。然而,我們無法習慣長期陷入如此危急狀態的模式中。因此,長期處在此一狀態,或經歷過量的強度,會危害到身體,甚至對心靈造成持久性的改變。經歷類似的慢性壓力,更需要藉助一個治療型的壓力管理計畫來支持,本書所提供相關的重要資訊也有助益。除了心理治療者能為承受慢性壓力的人們提供壓力管理計畫內或外的支持協助外,本書亦討論到其他可採行的重要行動方案。

壓力來源

壓力源潛藏於許多地方,例如:工作之中、關係之間,或組成每日責任與義務的任務裡。導致壓力的一個定義是,「任何需要反應、適應,或改變的情境」,這些反應能幫助我們在許多情境中維持平衡。換言之,我們感覺到的壓力有多大,取決於對此壓力情境的評估,亦即評估出我們缺乏的資源有多少。這樣的評估,能衡量接受挑戰之需求是否大於我們所能付出的能力範圍,因而決定壓力的意涵是正確或不正確。事實上,我們經歷到的壓力,部分來自於眼睛所見,其他則來自於我們怎麼看待這些事。若要適當的管理壓力,我們必須強調這兩方面的議題:我們盡其所能合理地轉換與改變看待環境的方式,並面對尚餘留的挑戰做出回應。有許多達成這兩個目標的方法,本書將分享其中最有效的方法,以幫助你學習將這些策略融入生活中。

壓力的影響

　　壓力在生活的各種層面影響著我們。對每個人來說，要明確列出一張表說明所有壓力影響你的方式，是很困難的。會有這樣的難處是基於兩個理由：一為個人受壓力影響的方式是多樣性的；二為所有個體對壓力的反應是很獨特的。然而，我們在壓力下會經歷到一些相同的徵兆和症狀。下列症狀不是壓力影響下的所有結果，但卻是多數人因經驗到過度的壓力所產生的後果。

　　＊消化問題。由於壓力反應連結到消化系統，壓力會引發便秘、胃食道逆流，以及其他消化性的問題，例如：腸躁症、克隆氏症（Crohn's disease；一種慢性的腸道炎症）等。此外，壓力與肥胖有關，亦是造成許多健康問題的主因。

　　＊心臟問題。短期壓力會導致脈搏加速與心跳不規則；長期壓力則會引發心臟疾病、高膽固醇、心律不整、高血壓、增加中風的風險，以及其他嚴重的疾病等。而心臟疾病對男性和女性都是頭號殺手，因此，壓力對健康的嚴重威脅的確不能等閒視之。

　　＊心理問題。面臨高壓力的人，更容易感到焦慮與沮喪，及其他負面的心理狀況。壓力也會影響我們的人際關係，因為當壓力反應被啟動時，我們通常會有不尋常的反應。這些負面的心理反應會影響到生活的品質，同時持續影響我們的健康。

　　＊免疫功能降低。研究顯示，當人們面臨如參與一個高難度的數學考試所帶來的壓力源後，再讓他接觸感冒病毒幾分鐘，就更容易被感冒侵襲。其他的研究亦顯示，身處於高壓下的人們，受傷後的治療之療癒速度相對緩慢。我們能想像身處長時間壓力下，影響必定會較明顯，而在免疫

功能降低的同時，身心付出的代價更是高昂。所以，當你身處高壓力下，將更容易感染到環境對個人健康的真實威脅。

壓力過量的徵兆

由於壓力在諸多方面影響著我們，因此沒有單一清楚的方式能用來分辨何時承受過大的壓力。然而，從微弱的到嚴重的壓力都有些徵兆，這些徵兆能繪出一幅在程度不一的壓力下的圖像。當壓力產生並超過我們所能控制時，某人首先出現的徵兆可能是頭疼或昏睡，而另一個人可能是大量冒汗。當微弱的壓力徵兆被忽視後，這些徵兆便逐步轉趨嚴重。首先且是最重要的，只要你**感受**到身處過量的壓力，你**的確**就已經在承受壓力了。一般而言，更普遍的現象是一個人無法認清自己正經歷多大的壓力，這遠比相信壓力不是問題還常見。除了壓力的情緒性感受外，常見過量壓力引起的徵兆和症狀包括：

- 大量出汗
- 手腳發冷
- 消化問題（反胃、忐忑不安、腹瀉）
- 情緒性飲食或失去胃口
- 肌肉緊張、抽搐、發抖
- 脈搏加速或心悸
- 神經性痙攣、咬指甲、拔頭髮
- 急躁、挫折感、敵意
- 經常頭痛
- 沮喪
- 焦慮感、恐慌，或被淹沒感

‧性慾降低

‧注意力降低或難以記憶

‧精疲力竭或嗜睡

‧睡眠問題

　　以上是過量壓力的共同徵兆，而它並非以單一徵兆出現。假使你正經歷上述徵兆中的一項，或同時經歷好幾項，本書對你會特別有助益。

改變能產生影響

　　本書專為了解壓力、深入探討，並做出維護健康的改變而寫。這三個主題都是很重要的。因為，若缺乏認識壓力及壓力管理的基礎，那麼改變現狀的動機意識，勢必如同對如何改變以達成壓力紓解般缺乏方向感；如果沒有回顧檢視自己，你可能無法理解做哪些改變對你的特殊情境是最有效果的，並且當你在邁向改變的路上遭遇路障時，會無能為力做最合適的障礙排除；你需要在生活中做出最實際的改變，不論是在態度、行為，或生活型態結構等方面，否則難以收到成效。本書提供了各類型的改變方式，幫助你在生活中做出因應，並有效管理你的壓力。

　　＊**改變你的壓力程度**。或許你無法消除所有面對的壓力源（也無法憑意願做到），但你可以學習在生活中降低壓力的程度。具備壓力紓解的技術，能幫助你轉變或減少壓力反應（將於金鑰 2 中做討論）。同樣的，在生活中具備某些切斷壓力反應的策略也會有助益（將於金鑰 5 中做討論），你能夠讓壓力程度降低一些，並從**幾乎被吞沒轉成挑戰它**，或從**深陷挫折轉為興奮**。例如：於午餐時刻，以簡單可行的片刻冥想達到心理上的休憩，能為隨後數小時的工作帶來壓力的紓緩。此一小改變，不論是否

與其他壓力管理的策略併用，都能為每一天感受的各種壓力帶來顯著的不同效果。

＊改變你的態度與知覺。某些壓力源是無法改變的。然而，我們可以改變對它的想法和感受，並且因著這樣做，就能夠改變當下壓力情境對我們的影響。例如：工作上面臨許多在感覺上快被淹沒的任務。倘若你學習將每個人要面臨的壓力視為**挑戰**，而非把所有的壓力情境都視為**威脅**，在你逐步完成工作項目時，會感受到較多的效能感（empowered）與較少的壓力。在**金鑰 4** 中，我們將檢視哪些思想型態是最能影響我們對壓力的知覺，並且探討改變這些心理習性的方法。

＊增加你的資源。一般而言，我們感受到壓力是因為缺乏資源去因應一個特殊的挑戰。學習增加你的有用資源——不論是擴展個人的社交圈（請詳見**金鑰 6**）、增進最佳的身體體適能狀況（請詳見**金鑰 3**），甚或預先計畫壓力管理（本書**最後一章**詳列說明的例子）——均能讓你有備無患。當你覺得自己有較充分的準備或覺得自我更有效能感時，所遭遇的壓力源就對你造成較少影響。

＊轉變你的復原力。雖然復原力攸關我們每個人的許多部分，但我們仍能在面對壓力時，使復原力提升到某種程度。在這方面的努力，會讓你在生活中無論面對什麼壓力，都能體驗到壓力的減縮。**金鑰 8** 將介紹三個特別的行為運用作法，能夠幫助你建立有用的壓力因應之復原力。

改變的挑戰

要記住，壓力管理技術之所以有效，在於實際的練習（而不是僅憑想像或讀過隨即遺忘）。壓力管理的真正意義是在改變。不論採取的改變是增加新的行為習慣以減低壓力程度，或在生活中努力消除慢性壓力來源，或有效轉變觀點和思想型態，或採行新的生活作息以建立壓力後的復

原力，或持續練習本書介紹的壓力管理技術。總之，進行不一樣的改變是有必要的，卻也是最大的挑戰。

了解或甚至學習這些技術，對多數讀者是容易的，但要長期練習並實行出來卻非容易的事。要長久採用新習慣和新行為的困難度大，是因為我們的心理狀態習於保持現狀。當我們重複某些行為、經驗，甚至是思想型態時，透過神經通路，我們的連結被強化了；行為變得自動化，我們會不假思索地一用再用。

關於這類自動化、無意識的思想和行為，經常被引述的一個例子便是開車上班。當你到一個新地點上班，你勢必得努力去找到地址，甚至要記住路程上每個轉彎；直到你試過多次以後，才不需再檢核方向是否正確。這時你已熟悉路徑。經過數週或幾個月後，你甚至不需去思考何處該轉彎；如同腦海中有個自動導航，知道何去何從，知道何時做何事（某一天，你甚至可能會發現不經思索即可抵達公司，不會隨意繞行。事實上，你需要經過思考才能中斷到達熟悉目的地的自動化程序）。

這就是為何腦海中能同時處理許多事的原因。如果你是習於負面思考者，你需要努力做不同思考方式的改變。經過一段時日後，一個全新的、正向的思考模式就能建構成為習慣。如果你對許多責任義務習於概括承受，而讓自己陷入情節式或慢性壓力狀態中，那就需要努力設定界限，一直到習慣成自然為止。每項你決定採行有益於壓力管理的改變措施，經過持續練習，都會變得容易些，而拿手好戲便是創造新的行為習慣。此時，改變即是一種挑戰。

改變的階段

在生活中，我們都曾試著做些改變，幾週或幾個月後，我們看自己形同失敗一般。最初的幾天或幾星期，我們通常是對自己決定維持的新行

為習慣深自期許，然而，經過最初的激情和爆發出的動機衰退後，生活回到常軌，我們再度面對可能無法克服的挑戰。這就是我們當中許多人失誤的地方，我們稱之為放棄。事實上，一個研究顯示，88% 的人在新年伊始所許下的心願，不久就宣告失敗了。曾試圖努力採取新行為習慣的人們當中，有很高的比率在隨後很短的時間內發現走回老習慣而宣告失敗。努力維持的時間從一天到數週都有。

這不是什麼令人驚奇的消息了——改變就是一種挑戰，假使我們求好心切，我們將會被自己要求搏命演出、拘泥小節，並且難以置信地飽受壓力之苦。然而，令人感興趣的是，這些引發我們放棄的「失敗」，並非真正的失敗。唯一真正的失敗，是在於我們已經停止嘗試。倒退回原始目標本就是改變過程的一部分，如果我們知道如何因勢利導，它甚至是有益處的。

🌼 一個改變的新模式

大多數人想到的改變歷程，通常包括一個二階段或三階段歷程（決定一個目標，朝目標努力，達成目標），許多心理治療師和體適能教練則是採用一個融入六階段的模式——跨理論改變模式（Transtheoretical Model of Change），由 James Prochaska 博士創始並命名。這模式採用許多跨心理學學派的理論和方式來說明改變的歷程，其中包括：心理分析、人本主義、完形、認知和行為學派。就大多數標準而言，此一理論並非新玩意兒。雖然它可倒推回 1994 年，但對一般力求促使改變的人而言，猶如新觀念。此六階段分述如下：

1.前蘊思期。身處此一階段中，你並不一定知道改變的需要。你可能覺得運作還好只是疲憊不堪，結果是幾週偶爾生病一次。你可能想到生理症狀源自生活中太多壓力造成。在本階段中，你未曾想過要做任何改變。

新的情況只是提高你的覺察，並且轉入第二階段。

2.**蘊思期**。身處此一階段中，你會思考自己是否有問題，並認真去想要如何解決。為了脫困，腦海中可能會出現未來六個月或更長時間要完成的一個鬆散的計畫。當生活中事情緩和下來，你或許想到要做更多的運動。當你有機會去認真想想，你也許會在空閒時間多睡一會兒，或者去除所面臨的不真正需要的壓力源。在這階段中，你體認到改變的價值，但你並未準備好做一個真正的改變。當改變的動機並未強大到促使你需要採取行動時，你可能會無限期地停留在此一階段，雖然感到即將沒頂的威脅，但仍難以突破。當你感到壓力過大而想採取新措施時，可能正是你需專注在壓力管理的時刻了。促使你進入下一個準備階段的，正是你專注於解決問題勝於僅僅發現問題所在，專注於未來而不停留於過往。

3.**預備期**。這時，你正準備在下一個月採取行動，而且在你的計畫中做最後的調整。你或許仍須說服你自己，採取行動是你進入下一個階段前真正最好的措施。在此準備做一個大躍進的時刻，做些小改變是需要的。例如：為了開始有好的睡眠，照顧好自己，下午兩點以後戒掉咖啡因。當你開始考慮如何使大的改變對壓力管理產生較大的助益時，你可能要學習深度呼吸。一旦你真正了解到你需要為了健康、幸福，以及未來等緣故做改變時，你可能感到迫切需要而做出許多改變，且立即產生良好效果。在你未充分準備前，切勿急急忙忙跳脫此階段；要專注在創造一個真正有效並有最大成功可能的計畫。

4.**行動期**。此時你真正能做些改變。改變最明顯的就在此一階段，那種感覺真好！你很可能每天都做練習或冥想，清理忙碌的工作行程，或採用新的每日行為習慣以紓解壓力。對改變而言，這是令人興奮的階段。然而，當人們覺得他們已完成轉換，且維持新的行為習慣一段時日，危機便出現了。在此階段，如果你經歷到成功中的任一浮動，你很可能視其為失

敗並失去動機。別忘了，在行動階段中，你尚未走到終點。

5.維持期。根據 Prochaska 博士的理論，此一階段是短暫的，可能維持幾個月到一生之久。此一階段可能包括極為關鍵重要的來回再復發與調適的計畫間。誘惑的出現、意志力變得薄弱，這些都是維持階段可預見的。工作依然忙碌，以至於漏掉幾次健身活動，無形中失去衝勁。你也可能夜裡屈服於睡意，但仍記掛著尚遺漏日誌書寫，或可能在進入似乎要被吞沒的工作場域前，遺忘深度呼吸的練習。你可能感受到執行一陣子的新計畫開始有點成效，但壓力實在太大了；換言之，你可能把這樣的倒退解釋成你的計畫沒有效果。如果你能看清這些發生的事，你將超越失望與洩氣的感受，抬頭挺胸迎向主要的目標前進。

6.終止期。終止期是改變的目標。終止期發生在當你不再因為誘惑而回到行為習慣改變前，並且維持改變不再費力氣時。這意味著每一天自動化生效，正如規律的三餐一般。你在深度呼吸或眼球轉動中本能的平靜下來。你會在夜晚入睡前書寫每天日誌。在此一階段的改變過程，你不需要特別耗費心力在某件事上，或工作所需的事物上——它就是自然而然發生了（請留意：某些專家相信此一階段不會發生，特別是某些行為習慣如抽菸。然而，另外大多數專家卻認為經歷這階段是可能的，且具不同觀點，因此這是最終目標）。

為何你從未真正失敗

如果你留意第五階段——維持期，它包含復發後的倒轉——你將看到通常我們視為失敗的，只不過是過程中的一部分。試想一下，小嬰孩學會走路是經過**無數次**的摔跤，我們絕不會期待一個小嬰孩第一次學習走路就表現完美，我們當然也不該寄望自己一試便成功。有時經歷這些摔跤是非常有助益的，它告訴我們計畫中哪些是需要修正的。一個好教練或治療

師會使用這些共同遭遇的經驗，去為當事人（client）收集連續改變歷程有用的資訊。透過這些經驗，讓我們知道障礙在哪裡、該如何做，這些都有助於為下一階段的努力做成應急權變的計畫。例如，由於認清此次在失敗前的進展，使我們從經驗中明白我們是如何在進步中。這些計畫使我們認知到我們是如何的進步。此外，也可以讓我們知道設定的行動計畫是否正確無誤，或需要另謀他途以達成最終目標。假如因為有了閃失我們就決定放棄，這才是唯一被認定是失敗的。並且，決定放棄的理由是，你不明白倒退本就是成功路徑的一部分。

如何使用本書

想要透徹閱讀本書，須耗費時間和心力，以充分探討包含在內的資源，凝聚成一個計畫，並且須細心逐步操作。然而，生活中的變數可能使你僅有幾分鐘的時間，而你亟需更快速達到壓力紓解的效果（或許就是**今天**），也許你另有其他阻擾你充分理解這個理論的挑戰，這是可以接受的！

本書已設定在不同的使用方式中，仍然能夠有效果並且充滿樂趣。你可以從中選取目前所想要的。

有始有終讀完本書

你會發現本書編排的方式是很獨特及最有效果的。我們從基礎開始——明確了解壓力以及它如何影響你——接著探討多層面的壓力管理技術，這些技術能相互補足。如果你採取逐章閱讀，回答問題並嘗試運用各類技術，那你就是逐步完成一個極有效的方案，而且施行的順序又讓你覺得簡易可行。

選擇你需要的閱讀

你可能在心裡已經選取了本書的某些議題。例如：如果你翻閱本書的目次，找到如何有效管理關係的問題，你會發現該章可以獨立閱讀。即便你只閱讀單一章節，它仍是在改變上有功效的（假使需參閱其他章節討論的概念，我都會呈現概念中重要的部分讓你了解，同時指引你此時該往哪裡去，以便找到更多有用的資料）。因此，若你喜歡挑章節閱讀，不要覺得那是不好的事。

不過，如果你是個略讀者，我會鼓勵你先閱讀完你最需要的章節，然後再看一看你認為較不需要的部分。例如正向心理學這一章，可能不是你挑選本書的最大理由（也許在這之前，你很可能不清楚心理學的這個派別），但你也許會發現，其中有關幸福感的研究可以讓你知道許多你所不了解、卻需要知道的壓力管理之部分。你可能會考慮可立即紓解壓力的方式，但是之後，你就會了解經過長期、復原力養成的行為習慣，可以幫助你更有效率地管理你的壓力。因此，假如你有迫切需要，要先選擇某些章節閱讀，當然就先閱讀那些章節；但是不要輕忽其他章節。你不會知道究竟哪些章節會比你原先想法所期待的更有助益。

挑選「如何管理」及「可嘗試的活動」部分

本書提供大量有關壓力的訊息、壓力因子，及壓力管理的方法。你會發現，在發展一套全方位的壓力管理計畫中，最有助益的方法就是了解上述三個觀點。然而，如果時間不允許且熱切地想趕快開始，你可以選擇「如何管理」這部分的內容，以便了解在目前生活中如何做改變的想法。這部分的內容聚焦於具體可行的改變方法，取代需要改變的理由，或其他潛在的改變訊息。若是要了解具獨特性逐步教導的新技術，可選擇「可嘗試的活動」部分閱讀。依循脈絡逐章閱讀的效果仍是最佳，但選擇閱讀這

些活動同樣是有效益的。倘若，你正在尋找新的壓力管理方法，這些是本書的重要部分，你絕對可以搜尋得到。

化探討的問題為行動

金鑰的每一章節均包括主題訊息內容，並加上如何促成改變。不過因為「探索問題」聚焦在自我的內在審視，以便了解如何應用在自身，因而加上個人化的觀點。顯示問題探討容許將訊息內容個人化，並將所學付諸實務行動。你可以選擇在一段時間探索一個問題，也可以在一段時間探索全部問題。我強烈建議你在紙張上實際回答（或在電腦檔案中作答），如此你不僅可以從內心充分的探討答案，還可留下完整的紀錄。你可能為此感到不舒服，但是用心回應這些問題仍是有極大的助益。重要的是，你仔細思索了如何運用這些觀念於真實生活中，並確認哪些能使理想轉化為行動，以便創造生活中正向的改變。這些答案能幫助你記取重要的概念，因為它們曾經在你心靈最深處產生了共鳴。同時，還能幫助你維繫在生活中持續改變的動機，並且在改變的旅程中清楚自己走過多遠的路程。

同時併行一兩種改變

本書豐富多彩的內容，會吸引你立即著手進行許多的改變。這樣可能會帶來壓迫感。一時之間想要做太多的改變，會讓你置於精疲力竭的危機中，而想乾脆放棄罷了。

所以調整步伐是非常重要的。本書的最後一章試著透過某些方法整合出一個壓力管理計畫，據以確保最成功的可能性之達成。雖然，我們在現階段面對壓力時，可能都具備一些簡單的處理概念，而其中的某些觀念可能會讓你自我設限，不敢在同一時間併行一兩個改變。這倒不是說當你在閱讀深呼吸練習，到了可以運用自如時，就該把本書丟開，僅持續練習

深度呼吸即可改變。然而，若你是為了著手處理一個顯著性改變，例如：
在生活中改變思考模式，或系統化紓解壓力等，你可以先試著只關注這個
改變，使你覺得能繼續下去的感覺很好。然而，如果你將新的練習方案、
飲食節制的改變，和每日冥想課程等諸多改變方法同時累加在生活中，你
可能就會發現改變過量了。

🌱 任何時間都可使用最後一章的資源

　　當你讀完本書，對那些特別吸引你的技術要做些筆記。哪些技術特
別適合你的個性？哪些最能影響你的生活？哪些特別有助益？請在本書的
內文空白處記下你的心得，以免遺忘。本書最後一章行動方案中提供的內
容，能將你的想法組織起來。每次當你閱讀本書時，可以在該章的表列清
單中記下心得，也可針對每件事做反思後，同時記下每個心得。無論選取
哪一種方式，在完成後，你就擁有足夠的資源，來認定並鎖定改變的目
標，或者最合適自己的改變，並在自己最合適的步調下得到最好的效益。
壓力管理不應該是充滿壓力的；雖然在開始時，它是需要做些努力，然而
在你維持生活平衡後，便能體驗到讓你寬心自在的身心歷程。

金鑰 *1*

覺察你的壓力源

煩惱經常讓小問題產生大陰影。

——瑞典諺語

成為你自己,永遠不嫌太遲。

——George Eliot

壓力是生活中正常的一部分，甚至是健康的。雖然壓力在許多情境中是有利的，但對某些人而言卻帶來致命的傷害。了解壓力的微妙關聯，清楚其因果造成的影響，將大大擴展本書的效益。本章內容讓你快速地瀏覽各類型的壓力，及這些壓力對個人身體、心靈和整體健康造成的影響；同時學會運用本書的最有效方法，並藉由在生活中的實務練習，達成壓力管理的最大效益。

當我們面對一個迫在眉睫的期限，一個困難的社會情境，或者一個眼前的挑戰，我們的壓力源很明確。但更多的時候，我們經歷到的是各種不同的壓力源，而且常是缺乏明確的、可覺察的壓力出處，以及我們如何被它影響。本章將詳盡地敘述壓力的各種症狀，檢視我們共同的壓力來源，例如工作、人際關係，以及忙亂的日程。同時，讓你能夠更清楚辨識壓力源及其影響；並能依列出的問題表單評量個人壓力的大小，藉此獲得如何因應這些壓力的清楚概念。

挫折來自四面八方

Madeline 覺得生活中滿是挫折，就連小事情都會讓她心煩意亂。即使是日常的小事件，她都視為是壓力甚或惱怒，並因此引發強烈的挫折感與憤怒，例如，雜貨店裡有人插隊，或連續的電話進來干擾她的工作流程。這些小事情就像引發反應的刺激物，會讓她對身旁的人大聲咆哮，而且讓不愉快的心情停留頗長的時間。類似這樣事件的反覆，讓她留下更多的挫折感與強烈憤怒，因為她與朋友或工作夥伴越來越缺乏正向互動的經驗，更是一再加劇她的壓力感受。對 Madeline 來說，生活開始充滿越來越多的艱難，因為她經歷到的每件事都離不開日益加增的壓力，挫折似乎自四面八方湧過來。

經過進一步探索後，Madeline 逐漸清楚這些事情潛藏的真正緣由。首先，她認為自己的激動狀態只是針對手邊的壓力源做反應，她覺得環繞她周圍的人似乎都是難纏的傢伙。然而，正如我們討論過的，她的經驗及感受在表面上似乎越來越清楚，但事實上卻不盡然。Madeline 在一個月前，開始被生活中越來越大的挑戰影響：她知道兒子在學校越來越難跟上學習進度，而她日趨艱困的經濟狀況使她難以逃避催討帳單的電話。她沒有忘掉這些壓力滿滿的事，但她並不了解她因此需要花極多心力的代價去處理一些次要的壓力源。一旦她真的了解到自己面臨的挑戰是處於持續性的壓力或多或少的狀態，Madeline 便能以更多的耐心，藉由腦力激盪方式找到解決的方法，來有效處理她的挑戰，而且也一併學會這些事件引發的壓力及其因應技術。這些問題都不是輕易就能處理因應的，然而，一旦她了解壓力背後的真正意涵時，就能有較多管理壓力的能力。

為什麼覺察是必需的

當你閱讀一本有關壓力管理的書籍，你很快就能了解壓力在生活中是一個重要議題。因此，你也就能理解為什麼我必須以整章篇幅來討論壓力的覺察。我們必須先了解壓力從何而來，以及它如何影響我們，才能談到該如何管理壓力。當我們想要了解壓力是怎麼產生的，有時候會令我們感到迷惘。事實上，想要認清一個人的壓力狀況是出乎意料的困難。

當我們的生活中可以免除某個壓力時，另一個充滿壓力的事件又出現了。（還記得在「緒論」中我們所討論的急性壓力源嗎？）在相對壓力較低的生活型態中，一個新的壓力源產生是相對於我們習慣的生活方式，因此我們容易感受到壓力來了，這壓力涵括認清其意涵及壓力從何而來。然而，當我們面對越來越多的壓力源時（從急性轉變為情節式壓力），我

們會更容易被誘發反應。

　　當生活周遭的壓力越來越多時，就越發難以認清壓力從何而來。即使是在毫無理由的情況下，但壓力仍然日益增加。其原因為：第一，對於一些壓力源，我們只是感到自己的反應被誘發。我們也許可以找到一些壓力來源，尤其是非常急迫性的或非常明顯的經常性壓力源；但我們可能會遺漏一些來自生活較微妙的部分、正影響著我們的壓力源。

　　第二，一旦我們從壓力情境中開始因應面對，我們習慣性以某些壓力因應方式為對策，然而這些都會加劇我們的壓力感受，並且產生其他的新問題（在本書後半段將詳加說明）。上述意味著壓力是源自於我們生活的範疇，卻很容易轉換到其他情境中。或許你沒注意到，當你感受到壓力時，它早已潛藏在生活中一段時日了，因而你不會在壓力的最早期發現自己做出反應被激發的因應，這些因素便在壓力初期醞釀一個循環的起始。

　　最後，逐漸發展到慢性壓力狀態，讓我們越來越不能覺察到真正的壓力源。這就是心理學家所說的**習得的無助感**。或許我們學會逃避所遭遇的壓力情境，但往往徒勞無功；我們可能認為接受持續的壓力是一種正常現象，甚至不打算去做一點改變。或許是我們感受的壓力大多數是持續發生且壓力指數較低，導致我們較少覺察何時經歷壓力，以及何時未經歷到壓力。由於每個人都會有壓力產生，以致我們無法覺察特殊的壓力源。此一階段，壓力會影響我們生活中的主要部分（例如：如果我們在一天忙碌中短暫的情緒失控，這工作中的壓力便進而影響我們的人際關係，而不良的人際關係又影響我們的健康，最後，健康的問題就產生更多的壓力，並造成工作中的障礙）。它會形成自我延續的循環。後面章節會更詳細的討論，用以說明壓力具備由其本身誘發的特質。

　　當我們越能了解壓力的來源，就越能有效的管理，尤其在我們經歷較大又持續性的壓力源時。當你閱讀本書中某些人物所遭遇到的壓力源之

類型時，藉以檢視自己最常有的壓力源，此舉能幫助你與生活中所遭遇的壓力源產生共鳴。當你讀完有關的壓力源，並知道哪些會使你的生活產生負面影響，你可能期待做些筆記，或決定要先讀哪些章節以檢視自己的壓力源。不論你選用任何一種策略都會有所助益，因此，值得去嘗試哪一種對你最有用。

生活中常見的壓力源

　　壓力來自多方面，並且透過不同的方式來影響人們的生活。例如，關係的結束對某人而言，可能是愉悅而釋放的經驗，但是對其他人可能就毀了他的一生。即便是單純坐在書桌前工作的經驗，聽到窗外的鳥鳴叫聲或除草機的聲音傳來，有人可能感到神清氣爽，但對其他人卻可能造成一再干擾的感受。由於個人差異性大，我們不能界定哪些經驗對人們而言，一定是伴隨著壓力或非壓力，以及其嚴重的程度。

　　換言之，調查結果顯示某些經驗對某些人而言，會特別產生壓力的感覺，並在特定的情境中更容易感受得到。下列幾項是人們通常會經歷到的壓力源之主要項目。這不是一份詳盡的列表，但是當你仔細檢查壓力源自生活的哪個層面時，你會更清楚壓力源自何處。以下是常見的壓力源。

工作

　　許多人都認為工作是最大壓力源之一，其中一定有許多可以解釋的理由。大多數人在工作中花費大量的時間，工作經常代表著我們的身分地位象徵、經濟所得，以及我們的整體生活型態，這些因素使得工作深深地影響著我們生活的福祉。在我們的工作中，某些特定的工作內容與特質具有較大的風險，例如，持續累加的耗損、焦慮、沮喪等風險，因而帶來較

大的工作壓力。下列是一些較嚴重的工作壓力源。

要求不明確

當工作者不清楚其工作的責任範疇，就難以完成他們的責任義務，這是極其明顯的事實。然而，有許多工作的要求並不明確，工作者要等到出現問題時，他們才會知道自己在某些事務有了失誤。當人們不清楚工作的完整內容，他們可能會被要求完成他們責任範疇以外的事務，在這兩難的情況下，他們不確定該拒絕與否，以至於整天忙碌的工作，卻不知道成效究竟如何。他們發現自己感到不安全甚或憤怒，但卻不知道該怎麼處理。特別是，當單位負責人是不善於溝通時，這會形成充滿壓力且令人難以忍受的互動關係。

在經濟不景氣時，公司會縮小營業，但工作者仍會被賦予更多的工作職責——這些職務原先是由他人負責的，這就會形成另一個嚴重的問題。他們發現自己被期待去完成超出原先的工作量，或者他們會覺得，如果他們不做出更好的績效或達成額外的工作成果，自己的工作將陷於危險而不保的狀態。如此，在原來壓力已經滿載的工作情境，又注入了額外的壓力。

如何管理

如果你的工作要求不明確，你可能不覺得這是明顯的壓力源；很可能你只是單純的覺察到工作中存在著壓力，而心裡不確定是否要迎合所有的要求。如果不明確的工作內容的確是問題的一部分，一定要盡量記錄這些待釐清的問題，並與管理階層進行討論。若你自己就是老闆，採取明確又有效的溝通方式是必要的，並釐清你的客戶期望，確定他們對你有哪些期待（在**金鑰 6** 將詳述溝通及界限的設定）。

難以達成的要求

在某些工作情境中，要求是清楚的但卻難以達成。工作者會被期待去完成更多的工作事項，遠遠超過上班時間內所能達成。有時，甚至被要求要投入更多資源，而事實上他們並不具備這些資源。這類型的情境會令人沮喪，因為工作者覺得力有未逮、精疲力竭，最後只好考慮放棄它。這類型的情境很可能對個人的自尊心造成傷害，或威脅到工作的安全感，甚至導致對工作成就感的期待或希望破滅。

這些情境再一次說明自我覺察的重要性。人們在工作中面對不實際的要求時，如果不了解某些要求是難以達成的，而繼續為這樣的要求做出努力，那麼顯而易見的，他們會感到壓力滿載。很可能也會覺得這樣的工作是剝削、榨乾一個人的血汗，卻又難以自其中脫困。除非他們明白要完成這樣的任務要求是不切實際的，才可能在困境中帶來真實的轉機。

如何管理

　　如果你能仔細且客觀地省察所處的情境，並明白加諸在你的期望是不切實際的，才會有助於解決問題。最糟糕的情況是，我們盡其所能地去符合這些不實際的要求，並自我認定自己是不合格的，卻未認清這些任務根本是不可能完成的。當你發現工作中有不切實際的要求，對老闆或主管說明這些困難是非常重要的。若你能客觀地呈現工作中不合理的要求，問題才有解決的契機。如果你是自由工作者，或許可以跟自己來個對話，並且調整對自己的期望。能與客戶溝通並且設定界限，也會是關鍵性的因素（再次提醒，請詳閱金鑰6）。由於企圖迎合不可能的要求會令你沮喪，且會導致心力耗損及憂鬱，這樣的工作情境都應該透過任何可能的方式去表達、溝通，甚至強調其問題核心。

較低的認可

　　工作情境報酬低廉，被認為是廉價勞工，這與那些無法提供報酬的工作，同樣令人沮喪並引發壓力反應。在工作中發生這種事情時，會讓個人感覺他們的作為不被尊重，如此一來會傷害個人的自尊心、工作動機、工作動力，使得這項工作更為艱鉅，且有被剝奪的感受。這些不一定與自我滿足感有關，而是攸關一個人被重視的感覺。例如，對升遷方式感覺到不被公平對待；被主管、工作同仁或客戶輕視；好處沒有份，苦差事卻一堆的剝奪感，這些都是令人感到壓力的。而這些感受會形成慢性壓力，並且缺乏工作的滿足感。

如何管理

　　你在工作中若缺乏他人的認可，有些方法或許能在生活中創造被認可的機會，卻不需在工作上做太大的改變。若是你與經理、老闆或公司的人力資源部門溝通後，成效仍然不彰時，你可以營造一個朋友與工作夥伴的人際支持網絡，這會讓你在工作上仍有可以一起慶賀及分享的對象。你可以考慮在平日午餐聚會時，分享你感到得意的事，或者因著你的困難而得到一些人的支持；它或許不是必要的，但是由於它會帶來諸多好處，因此治療師和教練都會建議人們擁有這樣的同儕團體。你也可以只是簡單地擁有一個具支持性的好友，或兩三位以網路或電話來交換訊息且志同道合的朋友群。其他的選項就是擁有工作以外的嗜好，這些嗜好能提供我們需要的正向回饋，即使它並非直接由我們的工作中所得到的成就感。另一項值得記下的觀點是，缺乏感恩的心在任何工作中都會是壓力源。採取某些步驟去培養感恩之心，便能有效管理這些壓力。

　　對於紓解壓力還有個非常有效的選項，就是努力發掘出工作的深層意義。例如，如果認定你的工作能造福別人，工作對你而言會更加重要，不再僅是工作的參與介入。雖然這些任務本質上不是那麼令人愉悦，但完成這些工作後，能帶來加值並成就更大的意義。

工作失誤的懲處

　　在醫學或者交通的行業中，工作上的過失甚至錯誤，其容許度是極其微小的——一旦失誤，就會造成人員的死亡。雖然，這並非是唯一攸關人命的工作領域。不過，這些行業會因失誤帶來負面的嚴重後果；某些公

司會因為人為的小失誤而將肇事者解職，而一些管理階層者常會就屬下的失誤，當面斥責他們。而在另一些情境中，失誤後果常常是工作的一部分，因長久沿襲而習以為常，並未做太多的改變。自由工作者以及從事個人事業者，可能因為小失誤而失去他們的客戶，這些不愉快的客戶大都在不滿和抱怨聲中產生。

　　不論處罰是來自公司高層的決定，抑或是工作本身的一部分，在工作中無法容許少許的缺失，也會令人神經繃緊及壓力沉重。它會使我們持續處於警戒狀態，帶來自我的懷疑和不安的感受。若持續一段時日，壓力是會要我們付出代價的。

如何管理

　　在上述情況中，我們無法對情境做太多的管理或改變，這與我們留心照顧好自己，以至於我們能夠表現得更好是不同的（請詳閱金鑰5）。盡可能有效地管理好我們的壓力，以便我們能夠因應從工作中額外產生的壓力，這是當務之急。

缺乏挑戰

　　沒有挑戰性的工作，似乎能讓我們從壓力中紓解，然而，另一些缺乏挑戰性的工作類型卻可能更具壓力威脅，甚至遠超過工作本身的挑戰性。這是因為我們習於渴望成長改變，當我們從事這些具有挑戰性的工作，我們的特殊才能能使用並發揮，我們會有很好的感覺（請詳閱金鑰7，滿足感部分的內容）。當人們在工作上表現得優越，他們也同時真切地感受較少的壓力。這樣的工作屬於恰如其分的挑戰；不要有太高的挑

戰，免得壓力太大；但也不要挑戰太少，讓工作變得乏味且缺乏意義。那些從事不斷重複或沒有挑戰性的工作者，會覺得工作乏味，並在上班時缺乏動力。雖然這不是一般人所討論的沉重壓力源，卻仍然會要我們付出代價的。

如何管理

若在工作中無法發揮所長或毫無挑戰性，這是工作與你的適配性問題。你可以花時間挑戰自己的嗜好，使你生活中擁有挑戰，藉以平衡工作上的缺乏挑戰。在這種情況下，越多個人嗜好的挑戰，反而會令你感到較少的工作壓力。

關係

關係能使我們擁有最好與最糟的時光。關係多半有助於我們的健康並增加幸福感，但同時也是生活中主要的壓力源，形成生活中的一大障礙。金鑰 6 會進一步討論關係與壓力交互出現的影響，在此以幾個相關的議題來說明關係是如何成為壓力源。下列是充滿壓力的關係類型：

毒性的關係

在關係中，我們並不喜歡某幾種高壓力的關係類型。諸如我們常被批評、被閒言閒語、被不切實際的要求、被輕視、被忽視等，或其他的負面經驗。當我們身處在這樣的情境中，或許我們不明白它加諸於我們的代價，但是會產生不安的感覺。在關係中若我們未曾被善待，不僅對自己不利，對周遭人也是不好的。我們有時會因習慣這些負面情境，而看不清楚

它所造成的傷害，並會忽略所處的環境需要做些改變。負面關係會使我們習慣感覺是自己不好，並帶來持續的壓力源。因為它會誘發我們負面的反芻、感覺低自尊、要不斷地解決衝突，並威脅到我們的幸福感與自我價值感。

照顧者的情境

扮演照顧者角色的人，通常是指持續以所關愛者之福祉為職責的人。他們常處於特殊且密集的壓力情境中，其壓力嚴重程度往往要看照顧者須符合的需求程度而定。不論照顧者是如何疼愛他照顧的親人，這角色所帶來的責任均可能榨乾他的心力與體力，最終，他們工作的負荷量會更加劇他們與壓力經驗的連結。

當孩子還小時，照顧者幾乎是要持續不斷地關懷和介入。某些研究顯示，婚姻的滿足感會逐漸消退，因為在初為人父母的早期階段，父母必須擔任滿足孩子需求的工作及任務。當孩子成長到兒童期，理想上能與父母及照顧者有親密連結時，餵食、習性改變、追逐、發脾氣以及其他照顧兒童期的各樣需求，都因須付出更大的心力而造成壓力。

對於那些病人、殘障者、老年人的照顧者，同樣都會經歷到高壓力的不同生活型態，而這些不同的高壓力，都會耗損掉照顧者極大的心力和體力。最重要的是，情緒上難以與現實相抗衡。一般實際的情形是，所愛的人持續需要他人的支持和陪伴；照顧者希望被照顧者是健康的，且有能力打理自己的事務。在需要照顧的關愛者身上也同樣有照顧者的類似感受，在這情勢下，或許罪惡感是凌駕於自身壓力的感受的。這些工作量及照顧的困難度，常常遠超過照顧小孩，因為照顧成年人時會有超出預期的工作量、情感性耗損，還需要更多體力去處理被照顧者基本的自理能力、醫療過程，以及其他的相關挑戰等。

　　若照顧者因為自己感覺情感耗損及身心俱疲而產生了罪惡感，將會帶來更多的壓力。然而，即便是最有愛心的照顧者也都是血肉之軀，在大多數情況是，迎合另一人需求的要求，往往要付出滿足自我需求的能力為代價。

如何管理

　　在此階段中，尋求情緒上及實質上的支持，以及妥善規劃時間以照顧好自己，是壓力管理非常重要的事。理想上，提供照顧的責任應該由兩人以上的人力來分擔，以避免因過度勞心勞力又無人分擔，而造成照顧者心力交瘁的下場。在照顧老年父母上，讓兄弟姊妹或眷屬一同分擔責任，甚或由家族外的人力資源照顧有特殊需求的孩子，較能確保每位照顧者擁有合宜的關照自我需求的機會。然而，並非旁人都樂意或有能力提供協助。幸運的是，社區內都有些專為父母或照顧者成立的支持團體。熟悉這些資源團體，就能使情況大為不同。身為一個照顧者，如果你感到力氣用盡即將失控，我鼓勵你盡快研議能提供的資源，並且即刻採取行動（在社區裡找你信得過的人或支持團體）。

忙碌的行程

　　對許多人而言，**力氣耗盡即將失控沒頂**似乎是新的常態，如同於一種社會現象。近幾年來，我們已經比過去的世代對自己有更多的期待。許多人不約而同發現他們工作時間比過去更長，並且經常同時擁有超過一項工作，而應有的休假沒有機會用完。一個新近的調查發現，僅有 45% 的

回應者計畫在暑假中去度假，這是過去 11 年來創新低的比率，其中，只有 35% 計畫較長的旅遊，大多數人僅期待過個小週末的假期。

在閒暇時間仍填滿工作責任，隨後我們不禁懷疑為何如此耗費心力，鞠躬盡瘁（也或許已不再懷疑，甚或認為本該如此）。

如何管理

敏銳覺察生活中忙碌的步調，是規劃合理生活型態的第一步，然而這需要認真地審視我們的行程，才能了解每日行程的安排是否過量，並進一步思考要刪去哪些活動項目。如果你尚未準備就緒，能誠實看待並開始妥善規劃行程的好方法，便是為你自己規劃一個周密的行程。除了將主要工作職責列表，還要在電腦中找到日曆應用程式（我個人喜用 iCal 及 Google 日曆），列出所有你要完成的事項。訂定計畫並標示出早上需要花多少時間準備、花多少時間開車，甚或有多少放鬆的時間，並確定哪些時間是早已規劃而不可改變的。精確了解目前時間使用的狀況，你才能據此檢核全天行程，並查看是否能實際執行。

依此列出每日行程，便能清楚知道時間使用的狀況，了解在哪些項目上浪費了時間，更能發現哪些活動並未聚焦在原訂目標上（在**金鑰 5** 我們將對時間管理再做進一步討論，但是改變的第一步，是能敏感覺察自己是否承擔了過度的責任義務）。

健康

壓力與健康是緊密相連的。正如本章前述，壓力會影響健康，在談

論健康議題時，我們知道不健康將會導致大量的壓力產生，因此處理健康議題意味著人們面對最大的壓力源之一。在長壽久活的期待及日益進步的醫學中，我們經驗到更多的慢性疾病（例如：心臟病及癌症等），甚於傳染性及病毒性的疾病。相較一世紀前，慢性疾病存活率明顯提升（令人好奇的是，在各種風險因素中，所有慢性疾病都與壓力有直接或間接的相關）。與慢性疾病和嚴重健康問題共生的壓力威脅，不僅是患者會經歷到壓力，連他們周遭的親友也會感受到壓力。雖然慢性疾病不像其他重大疾病所遭遇的壓力那麼嚴重，但仍需付上相當的代價。

如何管理

當我們面對壓力且力不從心即將失控時，最好的抉擇就是將照顧好己身健康的知識，擺在心中最重要的第一順位。因為面對嚴重的健康問題，往往帶來最大及最多的壓力。我們能做的最好的事就是好好規劃時間，未雨綢繆地維持自身健康。盡量尋找身心的支持，並熟練壓力管理技術，以維護全人健康。而翻開本書並熟讀它，是非常重要的第一步驟。依照金鑰 3 的觀念，照顧好你的身體，並在金鑰 8 熟練長期復原力的相關措施，會是你值回票價的投資。

生活調適

正如前面「緒論」的討論，壓力被引述最多的特質是，壓力源自於任何需要做出反應的情境。生活中不論正、負面的事件都會產生壓力，亦即，生活事件需要我們做出一個反應。不同的生活事件都要付出或多或少的代價，因而每個事件都會引發壓力。衡量壓力最常見的方式是使用

Holmes 與 Rahe 壓力量表。其內容包括 43 種壓力事件及壓力量的大小，經過加權得出有意義的分數。此量表係依過去一年中所出現該事件的次數及影響力做統計。也許不一定能呈現最好的壓力經驗評量，但卻能提供可信賴的一般性評量及清楚的基本壓力樣貌。同時也佐證生活中的每個壓力事件都需付出大小不一的代價。壓力事件中最嚴重的等級是配偶死亡、離婚、入監服刑等；而中等壓力源是爭吵次數增加、轉換工作跑道等；至於輕度壓力事件則有飲食習慣改變及度假等。正當該量表提供過去一年生活中所遭遇的壓力大小之整體樣貌時，簡單回顧一下你的生活，並評估已經產生的最大的壓力事件，將有助於你了解壓力的來源。能清楚了解真正影響你的壓力事件，以及影響的大小，基於個人因素及生活中持續遭遇之問題，是有助益的。回顧過去一年的壓力事件，有助於進入個人的心靈層次中，越發敏銳覺察壓力源的出現，及做出未雨綢繆的因應之道。在過去一年中，遭遇到哪一類型壓力事件，以及付出了哪些代價，是值得深思的問題。

態度與觀點

我們雖不能全然了解壓力，但從所知覺到以及所經歷過的生活事件本身，就能真正理解壓力的來源。若生活事件負面多於正面時，我們將經歷到較多的威脅與壓力。當我們停留在負面事件中，就越發感受到負面壓力加劇。而當我們越多接觸生活的各類情境，例如：完美的競爭、感受到身邊所愛之人的需要、為不可能的理想而自我打擊，就會產生不必要的壓力，並讓周遭的人也感受到壓力。金鑰 4 將會更進一步探討。在本單元中，學習敏銳於這些思考的模式是重要的。若不了解自我的思考模式，就不能清楚地思考如何改變壓力的形成與影響的範疇，因而被經歷的任何生活事件困住，導致各種壓力叢生。下列三種思考模式，我們需要覺察它的

存在：

＊反芻。當你覺得無能為力時，就特別容易停留在負面情緒中。當問題發生時，思考解決方案是必然的，但停留在既有的壓力事件上反芻，經常帶來負面且缺乏效率的行為。並且反芻也會讓你在愉快的一天中，耗掉數小時耽溺在不愉快的情緒中而不自知。

＊負面思考。看不見生活中的正面事物，專注於負面情緒，且有意無意地等著事情將會被搞砸，這就是典型的負面思考形式。若能覺察自己專注在事情的消極面，停止如此做就能幫助自己從壓力中解放出來。能自我覺察到此一心態，就是邁向改變的第一步。

＊認知扭曲。它有數種認知類型（請詳閱金鑰 4 內容），其共通點是忽視現實中的重要片段內容，並會引發壓力。認知扭曲是自發性的，由心理層面醞釀而產生。通常被用以保護人們有效逃避面對壓力的現實面；不幸的是，雖然好像能在短時間內去除某些壓力，但是長期認知扭曲只會造成更大的壓力。當你心裡開始解釋現實生活中的事件時，在無客觀事實證明之前，請留意自己內心的對話是否為正確無誤的，不然就會扭曲發生在周遭的客觀事務。若能真實的面對生活中所發生的事件，採取合乎理性的觀點，必能收到減低壓力的效果。

可嘗試的活動　　敏感於壓力源

在閱讀過主要的壓力來源，了解人們所經歷的及造成沉重壓力的原因後，你已經有較清晰的壓力來源圖像，與如何管理壓力的初步想法。下列活動能幫助你在壓力產生的歷程中繼續往前，並且更深入的探討。透過問與答的方式，將各項壓力列表，思考該從何處著手改善。

可嘗試的活動　書寫壓力日誌

　　在生活中養成列出壓力源的習慣，是極有助益的。它可追蹤壓力的源頭及能量耗損原因，並促使你去建構壓力管理的計畫。書寫壓力日誌可以是在晚上回想當天發生的生活事件，記錄最有感受的壓力事件。如此施行數日後，你會發現某些反應類型，藉此能指出你的慢性壓力源，以面對最急迫的壓力事件。當你習慣於規律記錄後，就能更清楚看出自己付出何種代價，進而激發改變的動機，並有效控制壓力持續的產生。

定期檢核

　　維持壓力日誌書寫，是認清壓力來源的極佳工具。然而，我們在回顧當天發生的諸多壓力事件時，常常只看到某些壓力事件的類型，而忽略其他壓力源扮演的角色。例如：如果你在上班途中一直在反芻之前的事而覺得有壓力，如此會讓你工作時置身於更充滿壓力的情境中，甚至在平常放鬆情況下不可能出差錯的事情上都發生了失誤。而在你回顧當天的生活時，可能不再記得上班的交通壓力，因為你已經在思考其他更重要的事。不過，上班路途中的壓力是真實存在的，不應該被忽略，反而該被留意。

　　生活中類似的案例，若能透過定期檢核每日作息及每個壓力事件，這將會是很有幫助的。這種實務性的檢核方式常見於各類壓力管理的研究中，它能在短時間內幫助個人有效地檢視生活事件產生壓力的大小。定期的檢核簡單易行，僅需數分鐘即能完成，這當中能有效率地達成兩個目標：（1）讓你更敏銳覺察壓力所在，並開始做改變來達成自助的功用。（2）讓你能從正在進行的事件中，不需費太大力氣，即刻做出可能的改變（例如，在我們已討論的方案中，你可能被提醒過去一直在進行的反芻方式，而你可以減少這樣的習慣性反芻）。

　　檢核壓力是簡單易行的。例如你可設定一小時或半小時的鬧鈴，或是任何你想要的時距。然後在鬧鐘響起時，簡單地推測一下你的感覺如何以及為何有這些感覺。雖然只是簡單的停止並評估，卻能幫助你獲得更多的領悟。在壓力日誌中記載所經歷到的壓力，在此階段中是有助益的。

　　典型的壓力檢核表內容：

09:00 A.M.　開車上班時，發現自己正在「反芻」昨日 Angelina 說話的內容。

10:00 A.M.　發現自己在處理 Jenkins 上週的爛攤子。

11:00 A.M.　發現自己沒有好好工作而是在做白日夢。我比自己所意識到的更加心力交瘁。

　　另一種你可以採行的方式是，在日常各種活動的空檔中檢核自己的壓力感受及原因：當你到達工作地點（或學校，或接送孩子回家），當你享用著上午的茶點或吃午飯等。通過越來越意識到你感覺如何，以及何時有這樣的感覺，你可以發現自己可能已經接受的壓力源，並能試著將其自生活中排除。

嘗試生活型態的掃描冥想

　　提供立即性的答案對具有壓力的生活事件是有幫助的，只需花個五分鐘就能完成此一活動。現實生活中書寫壓力日誌，往往需數星期方能描繪出更精確的生活情境之圖像，如此更能快速有效的提出解決之道。

　　1. 花一分鐘放鬆。找個安靜的房間，舒適地閉上雙眼。

　　2. 生動地想像今天是如何度過的。用心靈之眼去看早晨你如何起床、準備上班、開車出門或接送小孩上學，接著經過一天常態性

忙碌的生活，或處理一天開始的其他事務。

3. 在每個想像的活動中，留意每個想法背後的感受。當你想到要開車上班時，是否會感受到焦慮？當你不自覺地「反芻」難以相處的同事時，是否發現不愉快的心情？當想到要陪孩子做功課，或與重要人物的會議，是否感到焦慮？從這些心靈的想像活動所產生的情緒強度不比在現實生活中，因此，你需要更敏銳地覺察哪些事件會引發情緒──也就是留意生活的哪些領域會引發壓力。

4. 做紀錄。歷經心靈想像活動後，可以簡單的記錄壓力及情緒反應筆記，做具體的感受探索。這個列表紀錄在下一個金鑰中會派得上用場，做成壓力管理計畫。

詢問朋友

即使你不確定哪些事會在生活中引發最大壓力，周遭的朋友及家人基於旁觀者清的立場，通常能告訴你真相。想一想你最能跟誰談話，或誰是你最能坦誠以對的人。他們是如何描述你最常遭遇的壓力？他們最常聽到你抱怨的是什麼？回想他們如何表達──若你不能確定時，務必問個清楚！

圈選生活中最主要的壓力領域

想像生活中的每個領域，並標出其壓力程度，1表示是無壓力，10表示難以忍受的壓力。請在每題的方格中寫出壓力程度，並加註說明。例如：「工作壓力」項下，你可以列出：缺少認可，或不可能的工作負荷過重；在「關係壓力」項下，你可以列出引發你最大壓力者的人名。

1. 工作壓力 ☐
    a. _____
    b. _____
    c. _____

2. 關係壓力 ☐
    a. _____
    b. _____
    c. _____

3. 每週行程壓力 ☐
    a. _____
    b. _____
    c. _____

4. 壓力與健康 ☐
    a. _____
    b. _____
    c. _____

5. 去年的壓力事件 ☐
    a. _____
    b. _____
    c. _____

6. 壓力與思考模式 ☐
    a. _____
    b. _____
    c. _____

問問自己幾個問題

- 我的工作會在哪些方面引發壓力？

- 人際關係中哪些部分有壓力？

- 生活中的哪一位朋友或所愛的人容易與我衝突？

- 我是否過度忙碌？

- 生活中的哪些承諾會產生壓力？它們藉由什麼方式產生？

- 關於健康的哪些方面會引起壓力？

- 我是否照顧好自己？

- 過去一年，哪些生活事件造成我最大的壓力？

- 我的態度是幫助我還是害了我？

- 我對事情的想法是否反而添加了壓力？

評估你的答案

　　當你回顧這些答案時，可以看出你的反應模式。而你會發現同樣的問題一再地出現。假使你正經歷離婚過程或新任職務的挑戰，這些壓力必然會在答案中呈現。若這些情境是充滿極大的壓力，答案就會呈現出你所做的努力。也許某些問題在答案中會呈現強烈情緒反應，但或許有些問題對你是有助益的。若某些問題的答案能影響你，這些問題就能提供助益，而值得你專注於此。例如：若讀到「我是否過度忙碌」的題項，而答案是較溫和時，時間管理就不是你的主要問題了；反之，若反應為大喊「沒錯！」，就須特別注意時間的管理。這些議題將在**金鑰 5**再做進一步說明。

金鑰 2

快速轉換你的壓力反應

緊張，源自於你認為應該成為怎麼樣的人。
放鬆，則是你認定自己本來就是怎麼樣的人。

——中國諺語

當你經歷到壓力時，身體戰或逃的反應立即被激發起來。隨著壓力的增加，這個反應將持續一段時間，它會影響你的身心功能，且在許多方面加劇壓力的影響力，並導致我們身處於健康的風險當中。本章將解釋壓力的反應，並提供簡單有效的策略去引發身體的放鬆反應，這些策略有助於我們的身心回復到原有的功能。閱讀完本章，你將擁有一些使你在短時間便能達到放鬆狀態的有效工具。

爲何我的心跳會加速？

Jonathan 發現他自己快心力交瘁了。經過一天勞累地在工作上滅火，回家後還有更多的責任在等待著他；而此時他發現自己身陷於高速公路上——一個名實相符的停車場，原本二十分鐘的車程變成至少一個小時的混亂不明狀況。當他想到還要花費多少時間才能回到家放鬆心情、有多少車輛環繞著他、車速是多麼地緩慢，而他能做的實在少得可憐，他發現他的襯衫濕透了，頸部痠痛，心臟怦怦怦地跳個不停。可想而知，他正經歷充滿壓力的反應狀況。在令人頭痛的工作挑戰都已經結束，他唯一要分辨的壓力源，就是他正在面對回家塞車的頭痛問題。

對 Jonathan 來講，這不是第一次。他有一個習慣，在回家途中遇到塞車的情況時，他會越發感到壓力。然而，就在面對前述的狀況中，他現在已經有所準備了。在過去，他會變得越來越生氣、憤怒、抱怨，不情願地緊跟在車陣後面，並持續狂按喇叭。他的身體對壓力做出了反應，這些反應都是一些具侵略性的行為。這一次，他輕鬆地坐在座位上，深深吸了一口氣，並讓腹部的空氣慢慢地吐出來，接著再吸氣、吐氣。透過深度的腹式呼吸，並且專注在眼前的時光，他有能力讓身體及心靈平靜下來。一旦他能夠冷靜下來，他甚至能欣賞、享受他自己的處境，坐在車內聽聽音

樂,雖然這並不是他此刻的第一要務。一旦他能夠身處其中,他還真能享受開車回家的路程。即使只放鬆了短暫的時間,卻不再因諸事不順而被負面感受牽絆住。只要他能紓緩壓力反應,就能夠思考得更清楚,並能做出選擇以改變觀點。這就是他面對並改變壓力的深刻體驗。

戰或逃:何時有用且為何它是過時的

人類的身體很奇妙,它有自我治療及調適的能力。我們都有不同的生理系統,它們和諧地工作以維持我們的健康、安全,並能面對我們所遭遇的事件(或者至少我們企圖去做的)。由於身體的壓力反應是跟其他的身體系統結合在一起,因此一旦啟動,情感上的壓力反應將促使我們與施壓的人或事作戰,或者至少能脫離困境。

這個壓力反應就是我們所知的**戰或逃的反應**。當我們在生理上或心理上的福祉受到威脅時,知覺就引發我們做出戰或逃的反應。當戰或逃的反應被激發,同時會刺激我們體內能量的加速運作,例如:腎上腺素、可體松(腎上腺皮質素)以及其他賀爾蒙的釋放,促使我們快速反應:我們會感覺突發力量的產生,準備為我們的生存而奮戰。這種反應是為了用以緩和我們身體中非戰鬥所必需的功能,使我們有能力引發生理的運用,讓我們能激發超過常態能力範圍的生理反應。身體的壓力反應並非賦予我們超人的能力,但它的確幫助我們在瞬間有更好的表現,身體能快速地移動、奮戰,甚至採取需要的行動。

我們的身體也同時被放鬆的反應保護著,它能幫助身體回復到正常的狀態,亦即威脅除去後,我們可以快速恢復到危機前的正常運作狀態,如:心跳趨緩、深度而有規律的呼吸、身體回復放鬆的狀態。如果戰或逃的反應使肌肉緊繃,放鬆的反應則是使肌肉鬆弛。

這是幾世紀以來，讓人類能夠存活下來的有效方法。然而世界已經改變了，我們面對的挑戰更加複雜且難度提升，心理上的負荷也不斷增加，遠超過生理所能承受。然而，我們生理的壓力反應卻依然是過去習慣性的狀態，以習慣的因應方式預備所要面對的問題。這意味著在某些情況下，我們對所面對的事務做出了過度的反應——我們並不需要在生理上攻擊我們的工作夥伴；雖然他們有可能正與我們進行升遷的競爭。另一方面，我們心理的壓力反應卻常對每天的壓力源缺乏適當的準備，以至於我們可能需要耗費心力清除這些積弊，並在危機中還需處理因過度反應而在生理上產生的頭痛等問題。甚至有時，我們也常在亡羊補牢中掙扎，並感嘆著何時才能從痛苦的壓力困境中脫離。

🌼 知覺的角色

在複雜的事件中，壓力反應可能在錯誤的時間被激發：戰或逃的反應會因安全或福祉的威脅所引發，它也同時會因被威脅的**知覺**而引起反應。如果我們深信，不論是否正處在危險中，某些事情將會傷害我們，我們的身體即會被引發防衛。如上所述，因為今日多數的威脅都是心理性所引起的（在關係中地位的威脅、在工作中安全感的威脅、在交通困境中能夠快速前進並準時赴約的威脅等），因此壓力反應經常會在不需要的時間點被激發出來，在真正的威脅來臨時也是如此。

此外，當真正的威脅並不存在時，壓力的反應也可能會被激發，例如：你的同伴並未欺騙你，工作無虞，或者我們不當的關切生活中某些負面事件發生的風險。這讓我們感受到壓力而必須做出反應。當我們經常感受到壓力超過正常狀況，便屢次處於情節式壓力與慢性壓力反應的循環，這在本書的「緒論」中已有所說明。一般的狀況下，壓力反應會持續一段漫長的時間，因而造成身體無法回復到過去的放鬆狀態。

這就是壓力變成問題的關鍵時刻。

慢性壓力的影響

　　人類要生存，適當的壓力反應是重要的，因為在必要時，壓力反應會激發我們採取某些行動。但是，壓力反應不能持續處於引發狀態，因為我們無法長期在此一狀況中做反應。當身體進入慢性壓力的狀態中，慢性壓力會對健康產生負面的影響，使我們在生理上與心理上持續付出代價，一如在金鑰 1 曾經說明的。當身體進入不平衡的狀態當中，我們就須持續忍受生理上或心理上的負面影響。

如何管理

　　雖然，我們無法改變生活中不斷面臨的壓力，也無法改變在生理上對壓力知覺的自然、自發性反應，但我們能做的，是聚焦在生理上對壓力的反應，藉此減少慢性壓力的影響。這意味著，我們可以同時間採取幾種因應方式。我們能做到減少壓力反應的頻率。壓力反應的減少是因為改變了思考的模式，以及經常引發我們壓力反應的知覺習慣所致。在這當中，我們可以增加我們的樂觀程度，重新建構我們所面臨的情境，或者專注在我們可以利用的資源上。上述這些方式或策略都包括在金鑰 4 中。

　　我們同時也可以努力建立新的生活型態之習慣，以減少身體對壓力的反應。類似的習慣如冥想，它能改變我們大腦對壓力的反應方式。如果類似的生活習慣能夠有效地練習，當壓力反應被引發時，這個反應會是強度較低的，而且身體也容易恢復到放鬆的狀態，請詳閱金鑰 8 的內容。此外，在生理上多照顧好自己，我們就

不會對壓力的反應過度地敏感（金鑰 3），而且能結合我們所有的資源以面對所有的壓力挑戰。這些挑戰有的尚未被覺察到壓力滿載（金鑰 6 及 7），有的壓力源尚且可以被有效控制，如此更能分辨出被激起的壓力反應為何，因而能將壓力源限縮於較少的生活事件中（金鑰 5）。

　　或許減少負面慢性疾病影響的最重要方式，就是發展最有效的方法以轉換我們所認知的壓力反應。由於慢性壓力會使身體持續停留在壓力的狀態中，因此，學習讓身體回復到休息的穩定狀態，或者均衡的狀態當中，即使我們仍被各樣的挑戰事件所環繞，我們仍然可以創造出更多讓身體感受到放鬆的時間而不被壓力所影響。更好的情況是，透過練習讓身體放鬆的一些技術，能在少許的努力下，訓練我們的身體快速達到放鬆的效果，並且經過一再的練習，它就會形成自動化的合宜反應方式。

　　由於學習放鬆技術可以減緩我們所經歷到的慢性壓力，並且在短時間即能感受到放鬆狀態，因而可以減少所經歷到的慢性壓力之負面影響。透過經常練習，我們能減緩壓力對身體的影響，而不必耗費心力改變其他許多事物。若能結合其他有效的壓力管理知能，放鬆技術就能產生越來越正面的影響效果。

可嘗試的活動　放鬆練習

　　我們須銘記在心，要嘗試探索最簡易可行且是最有效的放鬆技術。進行生理性放鬆的活動能對壓力管理產生良好的效果，因為它們不僅能紓緩生理上的壓力反應，同時也能有效地分辨情緒性壓力。如此能在短時間內，減少生理上面臨的壓力情境反應。後文介紹的放鬆技術可以快速產生效果，並且在經過重複練習或合併其他壓力放鬆技術練習後，即能在短時間產生最大的效果。正如前述的內容，回想自己經常感受到的壓力情境因素，並做心靈筆記，以了解哪些技術是最合適自己，且是最有效的。

可嘗試的活動　呼吸練習

　　放鬆的深度呼吸是本書屢次介紹的，也是作者在生活中最常使用、最喜愛的技術之一。深度呼吸練習簡易可行，在短時間即可學成，並適用在許多人身上，其中包括孩子們以及生理上面對挑戰的大人們。經過練習，可以熟練並方便使用；它可以運用在任何地方或任何時間（甚至在壓力事件的**過程當中**），它也可以因個人嗜好的不同而做調整、改變。透過練習，放鬆的深度呼吸能成為自發性反應，成為自然而然派上用場的一種因應方式，不需透過外人的協助或借助其他工具，亦不需要其他許多條件為前提才能使用。其方式簡單、方便、易學，深度呼吸放鬆就能**快速達成良好的效果**。

為何深度呼吸能產生放鬆效果？

到底壓力放鬆的深度呼吸，與我們每一天的呼吸有什麼不同呢？其間的差異在於它的精緻化與顯著性效果。當生活中的每一件事都順利進行時，身體是放鬆的，我們很自然地使用腹式呼吸。透過腹部的擴張與收縮，使得每一次的呼吸維持肩膀的放鬆與鬆弛狀態。一般而言，深度的呼吸讓我們的肺部漲滿空氣，隨著呼氣帶來舒適的感覺。

而當我們面對壓力，被引發促動壓力反應時，我們便傾向於呼吸缺乏效率。此時，我們經常以較為淺薄的方式來換氣，肩膀就顯示出繃緊並且高聳的狀態。隨著呼吸高低起伏，我們腹部的肌肉會收縮，呼吸變得越來越急促，因為我們並沒有吸足應該有的空氣。這是因為我們在急遽改變的狀態中，預備要在一剎那間做出「戰或逃」的快速反應。對我們而言，這不是健康的反應方式。不幸的是，許多人會發現到自己在清醒時幾乎都是用這方式在呼吸。

在體內有意識地釋放緊張的作用，使得我們的呼吸能達到更放鬆的狀態。這有助於我們的身體處在一個鬆弛的休息狀態中，減緩壓力反應的引發，快速達到生理上的放鬆。由於身體不再從感受到的壓力狀況中做出反應，因而能達到情緒上的放鬆。

呼吸練習為何對你有用？

放鬆的深度呼吸是瑜伽不可或缺的活動之一，如果你有興趣跟著老師直接學習這一類的呼吸方式，並且參與一兩種的瑜伽課程，這會是個好主意。瑜伽老師會透過練習過程來讓你知道，在技術上要做什麼樣的調整改變。

但對多數人而言，閱讀有關壓力紓解的呼吸指導說明即足夠，這也是一種容易且有效的學習方式。下列的指導說明能提供快速且簡單的方法

來達到放鬆的效益：

1. 找一個安靜且舒適的地方放鬆。

2. 專注在你的呼吸上。放鬆你的肩膀，好讓肩膀自然下垂，離開你的頭頸部。快速地覺察身體的其他部位，有哪裡是繃緊的？讓這些部位也同樣地放鬆。

3. 注意你的呼吸是淺薄的嗎？你的肩膀是不是繃緊的，能隨著呼吸放下鬆弛嗎？如果可以，就再進一步的放鬆肩膀，直到呼吸變得緩慢、穩定而深沉，且隨著每一次的呼吸讓自己的腹部跟著擴展或收縮。若穿著寬鬆的衣服，就更能顯現你舒適的狀態。這就是我們所謂的**橫膈膜呼吸法**（這時，呼與吸是從橫膈膜出發的），當我們睡覺或放鬆時，我們能夠很自然地用這種方式來呼吸。

4. 進一步調整你的呼吸規律，要數算每一次的呼吸 —— 吸氣的時候，緩慢的數到五，呼氣的時候，緩慢的數到八 —— 維持這樣的方式，速度是緩慢的。

5. 當你覺得呼吸是在充分的放鬆狀態時，便可以停止數數目，並且停止專注在呼、吸間的改變。注意的焦點從呼吸型態的變化，轉移至單純的吸氣跟換氣之間，會在短時間內達到放鬆狀態。要記住最能讓你放鬆的方式是什麼樣子的，如此更能在未來需要快速放鬆時，進入狀況且產生效果。

視覺感官

　　研究已經發現，視覺感官能夠影響身體的反應，正如對心靈的反應一般。當我們生動地想像自己正參與在一個活動中，腦海中並不能真實的分辨我們的想像與真實經驗的差別。我們的心靈層面相信，我們所看到的正是我們所經歷到的。基於我們相信我們所經歷到的，我們的心跳可能會

加速或者緩慢下來。此刻，其他的身心反應也會同時進行，例如輔助性的放鬆。

令人驚訝的是，我們的心靈層面在某種程度上，會完全投入到我們的視覺感官裡面，並且「深信」這些經驗是真實的。值得注意的是，我們的肌肉的確會真實地參與到我們視覺感官的運作中。運動員及準備公開演講的演講者均能證實這點，因為面對即將來臨的挑戰，他們需要練習並且熟練到有自信心，而這些對放鬆也很有幫助。

視覺感官能在下列方式產生壓力管理的效果：

1. 僅僅想像環境中所面臨的壓力，會比真實面對壓力時產生較少的壓力反應，因此，若能轉移我們的注意力，同時改變我們引發真實的壓力反應之想法，壓力勢必減緩，或至少會停止某些壓力反應。如果你很容易反覆思考在過去曾讓你感到苦惱的事務，或憂慮未來會出現的事務，這個方式會有所幫助。

2. 視覺感官會帶領你進入心靈更放鬆的狀態，不僅是減緩充滿壓力的想法，同時也因為呈現更多放鬆的場景，引發幸福感等想法。如果你閉上眼睛，想像自己在柔軟的雲堆中，在生活的噪音上方飄浮著（取代生活在充滿壓力的辦公室中），或者想像你身處於很悠閒的地方（例如坐在家裡最喜歡的那一張椅子上），鼓勵你的身體去感受平時在那個環境中所感受到的。利用發生在你生活中積極正向的一些事物，便能幫助你更有自信地面臨挑戰，也能去除或打斷負面思考的習慣。

另一個視覺感官的益處是，藉由你的想像讓身體進入更放鬆的狀態。如果你的心跳快速，建議你去想像一種緩慢步調的影像，例如，坐在皮筏艇上緩慢地順流而下，或者直接想像你的脈搏跳動逐漸紓緩下來的情

形。如果你覺得雙肩緊繃，你可以藉由憑空想像一個場景，讓緊張由腳跟滲出你的身體，或者放鬆的感覺從你的頭上慢慢地移到你的腳跟，如同一杯水從頭上灑落到全身，因而能看到緊張情緒的紓緩。這都是很好的選擇。

　　視覺感官在幫助紓解壓力上，能產生相當快速的效果。這個技術經常需要一個隱密的空間或者安靜的時刻去練習專注，經過練習後就能縮短產生效益的時間，並且強化你的正向感受（例如：經過練習，你能創造一個快樂的地方，這個地方能幫助你處在平靜的狀態。經過一再的練習，雖然只憑著想像那一個快樂的地方，也能立即導引你進入放鬆的習慣中）。你能夠體驗哪一種類型的想像是有效的：在本章的後半段，會提供一些範例供你參考。

漸進式肌肉放鬆

　　漸進式肌肉放鬆（progressive muscle relaxation, PMR）是一種技術，主要專注在肌肉本身。它需要花點時間才能熟練，不過，即使是短期的肌肉漸進放鬆的訓練方案，都能產生放鬆的效果。漸進式肌肉放鬆的觀點是，透過系統化的繃緊及放鬆所有的肌肉的過程，消耗肌肉中殘存的緊繃感。經由持續練習，它會越來越容易達到放鬆全身的效果，甚至能在短暫的幾秒間就產生效果；其達成的效果，正如我們所熟知的深度肌肉放鬆（deep muscle relaxation, DMR）一樣。漸進式肌肉放鬆和深度肌肉放鬆都是很容易學習及操作的，但還是需要經過練習才能達成。雖然你也能從錄音帶或錄影帶的教學去學習，但最有效的方法是在專業人士的指導下練習。以下是一個簡易的漸進式肌肉放鬆技術，你現在就可以試著練習：

1. 花一點時間找一個能令你專心且有隱密性的地方，或坐或躺在一個舒適的位置上。

2. 繃緊頭皮的肌肉。用力繃緊三十秒，並用力提起你的耳朵（假如你可以的話），用力揪緊它，隨後放鬆。讓你頭部的肌肉都繃緊，隨後再放鬆。

3. 臉上的肌肉也重複這些動作。盡量維持臉頰、下顎和臉部的其他肌肉在繃緊的狀態，並持續一分鐘後才放鬆，要讓所有繃緊的肌肉完全放鬆下來。

4. 接著在頸部重複這些動作。隨後轉移到你的肩膀、上手臂、下手臂、拳頭、背部、腹部、臀部、大腿、小腿及腳。

5. 隨著時間過去，你將能更快地繃緊然後放鬆身體的每個部位，同時你會開始自發性地感受到放鬆的過程。

🌼 自我催眠

當你腦中出現催眠的概念時，許多人仍然會聯想催眠師出現在舞台上，從觀眾當中選出一位自願被催眠者。在他聽到例如「棉花糖」這樣的字眼時，就會表現出像小雞一樣的動作，或者表現出很不自然的一種舉動。然而，大多數運用在催眠的技術，特別是自我催眠，並不會有被作弄的感覺，而能更多地幫助參與者改變他們**想要**改變的行為。自我催眠的效果如同視覺感官一樣。然而，它能達到更放鬆的效果，且心靈的參與及投入是更深入的。

我們可以使用自我催眠達成許多目的，例如停止抽菸、消除焦慮和恐懼等。自我催眠對壓力管理來講，是特別具有潛在效果的一種工具。它能幫助你貼近潛意識的心靈，並且孕育出讓你達到放鬆的訊息，讓惱人的事物不再來煩你，且繼續維持良好的習慣以紓解壓力。催眠經常需要幾個訓練會期，才能達到最大的效果，然而經過練習，很快就能在幾分鐘內生效。其目標導向的放鬆方式，能達到良好的效果。

　　為了紓解壓力，你可以使用幾種不同的催眠及自我催眠的方式。你可以在網路上找到許多自我催眠的資源，同時，也能創造你自己的腳本，並收錄起來以便重複使用。

迷你式冥想

　　冥想對壓力管理來說，是一個非常有用的工具。在每個會期當中，練習十五或二十分鐘會產生最好的效果，因為它需要花費一些時間來安靜你的心靈，**維持**心靈平靜也需要一再的練習，方能達到最好的冥想效果（你能夠在**金鑰 8** 讀到更多冥想的資料，其中的內容談及長期練習的效果，甚至能對壓力產生復原力）。

　　迷你式的冥想只需持續三到五分鐘，就能使壓力降低，並且能幫助你快速平靜心靈。短短幾分鐘的時間專注於內在的心靈世界，能幫助你停止聚焦在周遭的壓力情境，讓你從感受到威脅的泥淖當中脫身而出，並快速轉換壓力的反應（**金鑰 4 及 8** 將介紹一系列簡易可行的冥想方法；在迷你式冥想會期中，則設定三到五分鐘為一個會期，跟隨著教學示範，到預定時間即可停止下來）。

自我暗示放鬆訓練

　　自我暗示訓練對於緩和身體及轉換壓力反應是快速有效的，它包括訓練自己的心靈，轉換成一般屬於自動化的生理反應。自我暗示訓練長久被運用在藉由通過暗示使手腳暖和來達到促進全身血液循環的效果。

　　自我暗示訓練可用在降低、轉變壓力的反應，並且達到非常好的成效。然而，自我暗示訓練需在專業人員的引導下才能達到最好的功效，因此它勢必要花一些時間並付出心力。它不是在短短幾分鐘內就可以學會的，不像一般的呼吸訓練能速成。自我暗示訓練需要額外的時間練習，但

它能提升你的能量,並使你的心靈快速又容易釋放身體的壓力。如果你願意學習去控制其他生理系統的反應,效果也是一樣很好的。

尋求支持

在遭遇壓力時,擁有朋友的支持系統,有助於紓解壓力。事實上,在面臨壓力時刻,「照料和結盟」反應經常會出現,特別對女性而言,這樣的反應引發我們尋求幫助並且提供支持。上述的反應幫助我們更容易處理自己的壓力源,因為我們都是有生命的個體,也是團體中的一分子。

長期與好友或治療師進行對話式的談話,對於紓解壓力有特別良好的效果(若欲更進一步建立一個朋友的支持網絡,請詳閱**金鑰 6**)。然而,從親密的好友得到快速且鼓舞士氣的談話,是比較簡單的方式,它除了能安頓我們的情緒外,亦能達到放鬆的效果,因而也被認為是有效的壓力紓解技術。研究已經證實,得到上述的支持性談話,能夠減低壓力賀爾蒙可體松在血液的濃度(這是標準壓力產生的程序之一),使我們感受到壓力的紓解。

要記得,在關係中我們所得到的和付出的必須是同等的。與你能相互依賴的朋友是有適配性的,所以不要期待你的好朋友提供超過他們所能給予的支持。當然我們也須確定當你的好朋友需要支持時,你也能樂意提供同等的資源。這是一個很重要且有效的方法,能讓自己快速冷靜下來。因此,擁有長時間友誼的發展是必要的。

問問自己幾個問題

- 當我在壓力的情境中，我是否需要一些技術來幫助自己放鬆，或者在一天工作結束時，找有沒有足夠的放鬆策略可以使用？（呼吸練習在任何時間都能奏效；迷你式冥想和漸進式肌肉放鬆則需要短暫的時間，以及一處能達到放鬆的地方；找到朋友的支持可能需要更長的一段時間。）

- 有沒有任何的限制，會使我的放鬆技術更加困難？（例如：生理的疼痛是否在漸進式的肌肉放鬆時，會分散我的注意力。）

- 哪一個放鬆技術最能讓我享受在其中，或者感到困惑？（有些人發現冥想是有挑戰的，當他們在面對壓力時，內心是奔放的。其他人可能會覺得視覺感官特別適用，因為他們喜歡運用他們的想像力。）

- 就長時間而言，上述的放鬆技術有哪些特別適合我？哪些技術對我來說更容易進行慣性的練習？（這些問題能幫助你處理任何枯燥乏味，或困難複雜的感受。）

- 當我最需要紓解壓力時，給自己足夠的時間，在這時刻中，上述的哪些技術對我而言是最方便使用的，或是最有效果的？

悠哉樂活～壓力管理的八把金鑰

評估你的答案

由於放鬆的技術有許多不同的選項（這些不需要繁瑣地列表），我們有一些活動可以提供選擇。上述問題的答案能提供你某些線索，從哪兒開始尋找一些策略去轉換你的壓力反應。這些策略將是你面對壓力的第一道防線，因此它極為重要。因為你至少擁有一個或兩個技術，能持續使用以平靜你的內心世界，這使你在面對壓力時能處於更積極的局面。當你需要使用壓力紓解技術時，要避免不適合你生活方式的壓力放鬆技術。請檢視你個人的性格特質，這能幫助你避免使用對你而言很具挑戰性的壓力紓解方式。專注你的需要，並銘記在心，把它當作在評估自己的壓力紓解策略時的一個現實考量。在本章或其他章節談到的壓力紓解策略中，列出最適合你的壓力紓解方式。隨後，你就可以將這些技術付諸行動。

讓你立即採取行動的幾個要點

在本書的末了，會介紹如何形成一個具體的計畫，以達成有效的壓力管理。要是你想尋找立即可行的方法，我推薦你就從這裡開始。你會發現所採行的放鬆技術，能提供一條快速的路徑以轉換壓力反應，並且能從較有效能的方法去達成壓力的管理。這些技術會很快地產生效果，甚至在幾分鐘內立即見效，而在它們能提供有效的紓解方式之前，你只需要做些練習。假如你能快速地減緩你的壓力感受，並由此得到較多的動機以使用這些技術，你會發現它是非常有效益的。當你閱讀本書後面所記載的放鬆技術後，你會發現它確能產生更大的效果。

這裡有一些簡易可行的放鬆技術活動，現在你即可開始練習，這些

技術在本章的前半段已略做說明：

　　＊每天嘗試一種不同的技術。當你讀到這些技術時，你很可能會發現你想要嘗試每種技術。這當然是可行的，但通常你在當下是沒有時間去嘗試每一種技術的。假如你在下週或更久的時間，每天嘗試一種不同的技術，你會發現那是更容易實現的。此外，你將有機會看到每種技術都能在真實的生活情境中，幫助你紓解壓力（當你在辦公室中面臨工作的期限將到，透過呼吸練習達到放鬆的效果後，接下來再讀一本書，會讓你感受到不同的放鬆效果）。在面對相同的情境中，使用不同的技術超過一個星期，你會在這些情境中得到最真實且最有效的放鬆感受；這是一個簡單的比較方式，可以和先前的做對比，來加深自己的印象。

　　＊每種技術嘗試一週。在一週中鎖定一種相同的技術，能幫助你達到很好的效果，這也會讓你將每種技術使用得更自然且更容易操作。當你開始去練習時，這些策略同時會帶給你絕佳的機會，去檢視這些技術是如何一再地產生效果。浸淫在單一、正在養成的放鬆習慣當中（勝過在短時間嘗試一連串不同的技術），會使你產生與這習慣連結的感覺。在放鬆習慣養成後，能獲得快速且自動化的放鬆感覺。經過一個禮拜後，改變不同的放鬆習慣，能使你在沒有跟其他不喜歡的放鬆技術產生連結之前，就可以嘗試不同的技術。如果你規律地使用它們，仍然會讓你得到真實的感受，了解每一種技術如何能幫助你紓解壓力。

　　＊維持日誌書寫以檢視哪些是最有效的方式。一般而言，最有效形成新習慣的方法之一是，始終維持書寫紀錄。打個比方，透過日誌書寫進行前後比對，一般人就可以學到花費較少的金錢而得到較大的效果，因為第一次記錄目前的花費及花費的項目後，隨即可找到降低消費的方法。這些紀錄可以巨細靡遺地提供金錢流向，以及金錢在哪些地方被浪費。當花費項目被記錄下來之後，日誌的書寫能持續地發揮功能。寫下你花費的每

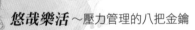

一個項目，能讓你有好的動機因素來幫助你減少花費。它就不再單單是白紙黑字記載花費項目而已。

同樣地，日誌的書寫能有助於壓力的紓解。你可以記錄一天之中感到壓力的時間，這些能幫助你在操作放鬆技術時，記住壓力情境的真實樣貌。你也可以記錄這些技術是如何對你產生效果，藉此更能容易比較這些技術的利弊得失。最後，你可以寫下來使用技術的次數，這些都能有效提醒你如何操作，並且如何增強這些習慣。日誌的書寫需要付出一些努力，但確實能產生較高的報酬，這報酬就是當你需要紓解壓力時，能預先做好評估，並知道如何去做好它。

金鑰 *3*

妥善照顧你的身體

在醫學教科書中最好的處方，就是開懷大笑和長時間的睡眠。

——愛爾蘭諺語

若我們不能妥善照顧好身體，往往會令我們感覺壓力倍增。因為營養不良、睡眠不足、久坐不動的生活方式，會加劇身體對壓力源的反應。本章提供研究所支持的適當營養、充足和持續睡眠、規律的身體活動之重要性，及簡單的技術以增進自我照顧的維護和健康生活方式。藉由良好的方法，努力維持健康的身心狀況，在情緒上也會同時產生良好的感覺！

壓力和自我忽視的惡性循環

Janice 發現自己跟以前任何時間相比，工作得更辛苦。當公司裁員時，她覺得自己如此的幸運，仍然保有工作，於是她欣然接受之前同事餘留的額外責任與工作。在努力尋找新階段的生活平衡點時，卻發現自己過度忙碌，無法像過去一樣在下班後為自己做些有益健康的食物，經常只能在回家的路上隨便挑選一些食品充飢了事（而最方便的，就是在下班回家路上的快餐店順路採買）。此外，她還發現睡眠作息與更長時間的工作同樣的令她受苦。在處理工作以外的庶務性差事後，她只剩下更少的時間，而額外的工作時間不得不從他處挪用。她不再去健身房：在決定是要睡覺或鍛鍊身體時，她發現睡眠需求每次都必定勝出。

接下來的幾個星期，她感覺到越來越多的壓力。工作時苦於注意力無法集中，情緒暴躁，覺得越來越無力因應辦公室的事務。起初，她以為壓力是來自於她害怕失去工作的恐懼，甚或是承接新的責任及工作之挑戰所引發。然而，當我們詳細檢視那些引起她感到龐大壓力的不同因素時，Janice 很驚訝地發現她的自我照顧指數暴跌（被忽視）。她領悟到，這就是壓力驟增的緣由。她明白了工作中的壓力源已超越她所能承擔。她不再能像以往的照顧好自己，這樣的結果令她吃驚。睡眠剝奪、營養不良、缺乏運動等各項的結合，似乎正是她目前生活狀況的寫照。

在認清自己真實的生活現況後，她為難地查看著生活時間表，刪去一些活動，並為自己的日程表加上恢復自我照顧的項目。幾天之內，她覺得更快樂、更有活力、思慮更清晰敏銳、更有耐心，並且更有能力承擔新工作職責的壓力。她在睡眠、食物和運動上的改善與進步，令她開心不已！

壓力與自我照顧的重要

當我們努力配合重要的完成期限、處理棘手的人，或面臨著比想像更難以處理的事務，我們會習慣於省略其他事務以省下時間來處理。我們會以危機的模式運作，先著手處理最迫切的問題，並將不相關的事情暫放一邊停擺。我們可以睡得少一些，跳過一些練習，隨便就地解決餐食，努力節省下時間，並提供 110% 的時間去迎合我們面臨的要求。不幸的是，這種短期的犧牲，會阻礙我們面對長期需求的能力。它會產生壓力不斷升級的模式，就像長期持續引發我們做出壓力反應的壓力源一般。從將要心力交瘁的處境誘發我們做出的選擇，隨著時間的推移，只會讓我們的事務變得更加複雜而困難。

如果面對需要花你幾個小時、甚至幾天全心投入的短期挑戰，你可能會選擇在照顧好自己身體的事上偷工減料。假如時間拖延至數週，你很可能把自己陷入一個更有壓力、更不健康的情境風險中，其影響就更糟糕且更久長。不過，最壞的情況是你可能沒意識到如此的自我忽視助長你的壓力，或者你會不知道如何超越它們的影響。尤其是當你處在高壓力情境中，認識短期和長期自我照顧的忽視所帶來的風險，並了解你能做什麼來繼續照顧好自己是很重要的。

最佳運作狀況

我們都會在感覺最健康和最有幸福感時，運作得最好，這已經不是什麼秘密了。在此狀況中，我們自然會感受到催促的力量，去做有益健康的事，因為我們的感覺是對的。經由這種方式，我們自然而然會因做出感覺是有益的事，而提高成功的機率；吃得好、累了睡、孤獨時與朋友聚聚，為了保持身心平衡而做這些樂在其中的事。當事情出現不平衡狀態時，我們已被設定好的內在感覺，促使我們發出需要被導正的念頭。

當環境拋出太多曲線變化球，或者我們不聽從內心的聲音，忽略它警告我們正邁向錯誤的方向時，這個感覺系統便會影響我們並成為無形的障礙物。當壓力過大時，我們往往會渴求一些東西，雖然這似乎給我們搭了一個臨時應急的電梯，但它並不能支持我們的長期健康和運作能力。即便有一些原因能說明為什麼會出現如此的情況，還有幾個可用以抵消影響的步驟，但如果我們不停止事情的負面進展，我們仍可能會步入困境。

向下的壓力螺旋

當我們處於壓力情境下，會發生許多事。我們會因太忙而忽略身體已經發出的信號，我們還會發現自己為了緊迫性的任務熬夜工作，而不是在累了就去睡覺；或者隨便吃點東西解決（是不甚健康的飲食），因為我們沒有額外的時間來煮營養的飯菜。這些事情在取捨時似乎需要小的改變，我們在一定範圍內也可以忍受，然而，它們卻為我們建立一個持續的路徑，引發我們倍感壓力。這種壓力實際上可以促使我們繼續使用它們，而難以回復到自然健康的行為模式。

這是因為我們從慢性壓力一路走來，為了因應它而做出不同的行為改變。正如我們經歷到生活的壓力源時，會有不同的看法（詳見**金鑰** 4），並做出不同的反應（詳見**金鑰** 2）一樣。當我們已經感受到壓力而開

始因應時，我們往往會以不同方式做自我的照顧。我們可能會渴望不同的食物，或在更具挑戰的時刻仍能入睡並保持睡眠，甚或可能更難有與他人相處的時間。這會帶領我們進入更多壓力的處境，因為我們可能會處在營養及睡眠都被剝奪的狀態下，並且較少有社會支持以幫助我們度過此一階段。當然，這可能還會導致更大的壓力，造成更多失誤、更多衝突，以及持續走向往下的壓力螺旋。

健康與福祉

壓力管理最終的目的，不僅是能寬心自在而已（雖然這是非常重要的）；管理壓力是重要的，因為它會影響整個人的健康和長壽。壓力管理不只是一種奢侈品；它更是身體正常運作的必要條件。照顧好自己的身體，被稱為是**自我照顧**的實踐。它有兩個主要原因：其一，這對我們的健康非常重要，不僅是因為壓力管理直接且正面帶來的影響，使我們得到健康的飲食、適當運動，和支持的關係。因為獲得這些，得以幫助我們避免額外的壓力（以及對我們的健康造成威脅的結果）。而這些威脅都來自不健康的習慣和缺乏自我照顧。其二，當你壓力減少，過著較健康的生活，周圍的人亦能因你而獲益。因此，當你在生活中做了這些改善，便能對周遭的人同時產生正面的影響。以下的章節內容，將深入探討哪些具體的改變會帶來最大的效益，這也是我們最需要了解的。

自我照顧的重要

許多行為可歸入自我照顧的大傘下，例如：刷牙清潔、每月定期按摩，以及實踐壓力管理等。因為某些行為習慣會帶來最大的效益，因此我們把這些行為列為重點。以下將分別探討三個自我照顧的主要領域，若能

聚焦於此，可以顯著地改變你的壓力經驗。睡眠不足和營養不良會使壓力加劇，並導致不健康的後果；而從久坐的生活方式轉變為多活動的人，能提升長期壓力的復原能力。讓我們一起更深入探討每種（自我照顧）領域的議題，了解它們如何影響我們，以及如何改變才會在壓力管理上提供我們最大的幫助。

適當的營養

用合適的營養作為燃料提供身體的需要，遠比我們所意識到的更重要。當然，我們都聽過類似「現在的你就是過去吃下的食物所長成」等的老生常談，而現實生活上，我們將什麼吃進體內，不僅從現在開始立即影響我們感覺到自己的體力，同時也對我們下一刻的感受產生影響。含有過多糖分的飲食會讓我們對壓力產生更多的反應，並使我們更容易受到疾病和過早老化的侵襲。固定平衡的蛋白質和碳水化合物是有益的。研究發現，健康食品的不同搭配，它們不會含有過量的糖、澱粉、脂肪，或人工添加物，會使你處於更小的壓力和最好的身體功能狀態中。

不良飲食習慣的影響

不含熱量的飲食，會使我們在面對生活中的各樣挑戰時，缺乏心理及身體所需的能量（請記住，當我們感覺到的外在形勢要求超過因應所需的資源時，我們便感到壓力倍增）。而含有過量糖分和咖啡因的食品，雖給我們帶來意外的能量，也能快速提振心情，但隨後而來的，便是身心快速崩塌的感受，讓我們感到昏昏欲睡、沮喪，並渴望更多。這些興奮劑是會上癮的，導致我們習於繼續不良的飲食習慣和壓力更增加的循環。

不健康的飲食習慣其長期影響包括：導致健康高風險的肥胖症和糖尿病。肥胖會增加許多不健康狀況的風險，其中如高血壓、睡眠呼吸中止

症、心臟疾病和糖尿病等。這些都是嚴重影響健康的狀況，並會產生高度壓力，甚至危及你的生命。在有壓力的時候，改變你的飲食習慣並不容易，但對你的健康卻是極有必要的。

飲食破壞者

當我們身處壓力狀態時，經常會發現更難以保持健康的飲食。這有幾個原因，其中有部分原因和我們對壓力的反應，以及最初始醞釀壓力的理由有關。以下是主要的阻礙項目和對我們有助益的提示：

*繁忙的行程。當我們特別忙碌時，我們往往囫圇吞下快速獲得的食物。不幸的是，最方便的食物往往是最不健康的。如果你常在繁忙時段，快速享用垃圾食物以解決你的飢腸轆轆，你可能得要付出整體健康和情緒狀態為代價。如果你把自身健康作為選項，且以健康為首選，你要避免速食食品的陷阱。

*不良影響。研究顯示，體重增加是會傳染的，如果你常與體重超重且有不健康飲食習慣的人相處，你也會不自覺採取這樣的飲食習慣。如果同事常帶來甜食分享，朋友們經常會在餐食不健康的餐廳聚會，或者你住在滿是其他人購買的垃圾食品的屋內，你可能已經覺察到，這種類型的同儕壓力往往能發揮其影響力。設定一個避免這些誘惑並堅持下去的計畫，是很重要的。

*可體松的渴望。當我們身體的壓力賀爾蒙升高時，由於可體松作用，我們往往會更強烈地渴望甜食。這可能在某一時刻是一種健康的適應，但習慣後便會誘使我們在壓力時刻遍尋一根雪糕。（如果我們剛好有豐富的冰淇淋可享用，這會是過度放縱的配方！）使用**金鑰 2** 介紹的一些快速壓力紓解方法，其內容可幫助平緩身體的壓力反應，便較容易改以胡蘿蔔或芹菜代替。

＊**情緒化進食**。當我們感到壓力時，我們一般傾向於渴望舒適可口的食物，而這通常不會是健康食物，卻能提醒我們無憂的童年歲月或快樂時光。在其他時候，當我們感到有情緒壓力時，我們以滿足口慾填補空虛，或者認為我們正在慰勞自己。我們藉著吃以提振自己的心情，但是我們可能適得其反。當你發現自己並未感到飢餓就在吃東西，或選擇無法維持健康方式的食物，請你嘗試做些事以轉移注意力，會讓你感覺更好並且不涉及食物，例如：向朋友尋求支持、書寫感恩日誌，或做些讓你莞爾的開心事。

＊**習慣**。當我們面對壓力之時，我們會發現採取新的改變是難上加難。如果你習慣於不健康的飲食，在身處壓力的非常時刻，你能做的最好改變便是調整飲食，但這是最具挑戰性的。最明智的作法是，在你尚未陷入不堪負荷狀態時，就維持健康的飲食習慣。當你已經這樣做之後，想要維持這些最重要並且是最具挑戰性的習慣，會比較容易做到。

如何管理

改善你的飲食習慣

除了上述的技巧外，下列積極介入的步驟，能避免讓壓力將你推入不健康的飲食習慣之惡性循環，並確保壓力程度免於惡化：

儲備食物

如果你發現自己習於向快速可食的東西伸出手，最好將既方便又健康的選項放置其中。及早規劃在廚房儲備健康取向的水果和蔬菜類點心，例如：蘋果和芹菜可與花生醬一起享用，胡蘿蔔和花椰

菜淋上醬料可生吃，鷹嘴豆泥與麵包片和阿拉伯薄麵包，甚或一根成熟的香蕉。煮些容易重新加熱的飯菜，如加上辣味的蔬菜、烤箱焗雞，或湯品之類。不要採買你知道最好不要吃的食物。如果你的環境能支持你維持上述好的習慣，你就不需要依靠沉重的意志力，如此能適度緩解你的壓力。

知道在哪裡可以找到健康的食物

如果你發現自己吃得過量，仍能未雨綢繆避免陷入不健康飲食的陷阱。在住家的附近，標註健康飲食餐廳的位置，並注意菜單上最健康的膳食。

注意你的障礙

如果你已習慣在感到壓力時對某些特定食物大快朵頤，請選擇轉換健康的食物。若在一天的某個時間點吃錯了食物，一定要確保你在這一天內做出更好的選擇來彌補，如運動或補充營養。如果突然發現自己在壓力中忘記吃飯，就需要在你的手機或電腦上設定鬧鐘以提醒自己。要是他人送你一份高卡或高油脂的大餐，能夠減少接觸它就是上策。請想一想你的觸發器是什麼，並且必須找到能將之停擺與解決的計畫。

開始新的生活習慣

在你的生活中，與消極習慣切割的一個簡單方法，便是採取與不健康習慣不相容的新習慣。例如，開始書寫日誌以管理情緒壓力，藉此減緩你的壓力反應。此外，開始更多的運動，並有效管制甜食。每一餐增加健康食品，讓你的腸胃沒有多餘的空間選擇不健康的食物。試看看你能採取什麼新的習慣！

網羅支持

　　你的朋友可能有負面影響的能力，但他們也可以是美好的盟友。向朋友宣告你的意圖，表明攝取健康飲食的目標，他們將不太可能為你提供不健康的飲食選擇，並且當你打算偏離軌道，他們更能容易委婉地提醒你，即使他們不打算讓這些改變發生在自己身上。你可能還需要爭取一些類似體重守望團體的支持。在這些團體中，你可以找到支持和訊息，並且能對你堅持健康飲食目標之成就，表達祝賀之意。

嘗試用心的飲食

　　有時我們覺得我們**不能**吃哪類食物，我們對它的渴望只會越來越強。當你試圖從飲食中完全削減某些項目時，你會經歷到渴望不斷地增強，這時你可以試著改成吃少一點，然後充分享受。用心地吃，可以成為一個有效的工具。通過用心地吃，專注於你的食物，可以擴展享用的樂趣，並減少為了滿足而想吃的量。專注於每一個感覺；如果你這樣做，一口冰淇淋可以更令人滿足而不是吃完整碗。試試吧，且看看你能少吃多少的量，而能更享受於其中。

❀ 運動

　　在壓力下感覺不堪負荷時，多數人不會自然想到輕快地慢跑或在健身房出汗運動一個小時的需要，除非我們已經養成運動習慣。事實上，許多人發現他們自己身處壓力時，常省略運動強身，因為他們的行程安排讓他們感到忙不過來，便不去鍛鍊身體，有時他們也的確在面對工作需求時，已耗盡心力。然而，維持規律的運動是很重要的，其中有下列幾個原因。

運動的好處

我們都知道，運動是非常重要的，但我們可能低估了其真正的價值。規律的身體活動可以減少你經歷最嚴重的醫療風險，其中包括：心臟疾病、癌症、中風，以及糖尿病、高血壓和高膽固醇的危險。你應該從這樣的醫療風險中脫離出來，而運動可以提高你的身體功能水平。這也是一個極好的緩解壓力工具！事實證明，僅運動三分鐘，可降低血液中的可體松水平，身體活動有助於平衡你的賀爾蒙水平、扭轉壓力反應、釋放緊張、提高自信心，並清除你心臟的負荷。規律運動能達成整體的健康，並且能延長壽命。如果你僅能選擇一個健康的習慣，運動可能是最有利的選項了。

缺乏運動引起的問題

如同健康的飲食，在有壓力情況下，仍須在感覺最少的時間和精力中確保我們得到足夠的運動鍛鍊。當我們缺乏必要的運動鍛鍊後，下面是可能發生的生理問題：

*嗜睡。自相矛盾的，當我們通過運動消耗能量，整體而言，我們往往會感到更有活力。同樣地，當我們維持久坐不動，我們普遍都會感到缺乏能量，而嗜睡能影響我們面對生活中其他挑戰的能力。正如給予愛，能帶給我們生活中更多愛的體驗；通過運動耗掉能量，能給我們帶來更多的能量。

*未受管理的壓力。因為運動是如此有效的壓力紓緩工具（請參閱金鑰 2 與 8 以獲得更多相關知識），當我們不能保持活力時，我們是在剝奪壓力管理對自己的幫助。就像運動可以消除身心壓力，減少體力活動往往意味著累加更多的壓力。在你的日程安排中增加運動時間，可以使你保持在較低的壓力水平。

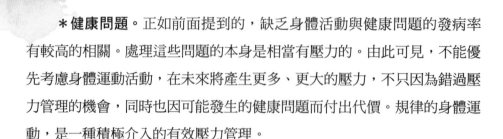

*健康問題。正如前面提到的，缺乏身體活動與健康問題的發病率有較高的相關。處理這些問題的本身是相當有壓力的。由此可見，不能優先考慮身體運動活動，在未來將產生更多、更大的壓力，不只因為錯過壓力管理的機會，同時也因可能發生的健康問題而付出代價。規律的身體運動，是一種積極介入的有效壓力管理。

運動破壞者

對一項很好的運動強身活動，除了感覺因太忙或太累而無法維持外，在你和你的運動活動目標之間，還可能面臨其他幾種牽絆因素：

*過去的失敗。如果你已經嘗試開始身體運動的習慣，並曾在過去失敗過，你可能不願意再試一次。你可能會覺得自己的生活方式無法容納它，或者你並不需要維持規律性的身體運動。我們將在金鑰 8 探討更多的內容。不過，很重要且需要知道的是，不同的計畫可以達成不同的效果。有一些身體運動的形式，只需要花費十分鐘，便可以促進你的整體健康。有各種類型的身體活動足以吸引任何人，不要讓你的過去決定你的未來。

*身體傷害。如果你在過去曾經受過傷，在你開始一個新的運動方案之前，先諮詢醫生是很重要的。這很容易做到，並且它可以增加你的信心，讓你知道哪些運動可以參與，哪些要避免。你可能還希望聘請訓練師或教練，學習正確姿勢並在未來減少受傷的危險。今天就預約，不要讓過去的傷害（或擔心未來的傷害），成為你的攔阻。

*習慣。你可能只是習慣性地久坐不動。沒關係，你可以形成一個新的習慣。它只需要一點時間。不論你處在哪個改變階段，你可以相對容易地進入一個新的運動習慣，只要稍微做一些準備和一點動力即可。

如何管理

開始並維持規律的運動習慣

藉助一些方式，可以輕鬆進入運動計畫，更何況運動有許多吸引人的類型，你都可以去嘗試。雖然我們在金鑰 7、8 有進一步的探討說明，並在金鑰 2 簡略地提到，這裡有一些簡單的方法，可以讓你的運動成為生活的一部分。若能記住一些觀念，將使得運動過程更順利：

加入一個健身俱樂部

加入一個健身俱樂部可以實際激發動機，增強你參與更多健身活動的決定。畢竟，如果你在這個習慣投入金錢，你會希望得到投入金錢的價值。健身俱樂部提供許多支持的選項，可以幫助你持續運動，其中包括：不同類型的課程、獲得私人教練，以及各種可以嘗試的設備；有的甚至還提供蒸氣浴、熱水浴缸和淋浴，它可以使運動經驗既輕鬆又方便。

找個志同道合的朋友

運動強身的哥兒們可以做兩件事情：他們可以在你的動機減弱時，給你一點點友好競爭或支持以激勵你表現得更好；他們還可以繼續陪伴你，一旦你知道你的停止會讓這些朋友失望，這將會使你不可能停止運動。與朋友一起運動強身可以更愉快，感覺不像在工作，這還可能是一個額外的獎勵。

找到合適的運動

如果你的身體運動感覺像在折磨人，毫無樂趣可言，你可能不是在做最適合你的生活方式和個性的運動。有許多不同類型的運動

你都可以試試；目的是選擇一個適合你的目標和個人風格的運動。運動真的可以很有趣，無論你喜歡團體運動、個人運動項目、舞蹈、瑜伽、游泳、騎自行車，或不同類型的課程。如果你不喜歡你的選擇，再次選擇就對了！

設定易於實現的目標

人們經常在開始時把自己逼得太緊，隨後放棄。通過設置更容易實現的目標，你不僅更容易避免受傷，也更容易獲得成功，如此你將不太可能因灰心而前功盡棄。緩慢啟動，達到小里程碑後給自己一個小獎勵，並繼續努力。如果你發現自己中斷運動，不要放棄，你可能需要調整你的計畫，但你還是可以找到一種有效方法，讓你能持續運動強身。運動可以是、而且應該是愉快的！

睡眠

睡眠比我們的保健和整體功能運作更重要，這是可以理解的，這也與我們的壓力水平有關聯。保障你的睡眠有多個重要原因。

睡眠不足的影響

我們可能不會注意到睡眠不足對整個人的影響，因為它們是很微妙的。然而，其影響也是逐步滲入的。歷史上，睡眠剝奪曾被用作是酷刑的一種方法，因為它可以令人沮喪和喪失健康。微小的睡眠剝奪，是我們在一個繁忙的生活方式中經常會經歷到的，並已成為生活的一部分。當我們沒有得到完整的七至八小時身體需要的睡眠時間時，我們普遍會經歷到認知障礙和較緩慢的反射狀態，以及在我們所面臨的一切事物上帶來更大的情緒反應。這不只會加劇我們所能感受到的壓力，也會引起我們創造更多

壓力的情境。例如，如果我們因為疲憊變得更煩躁，我們可能與所愛的人爭論不休，這些都能產生比平時生活更多的衝突，使我們情感的支持度衰退。當我們無法有充分的睡眠時，一般是不可能把事情想清楚的；我們會一直犯簡單的錯誤，因而造成壓力的後果。就好比在考試時遺漏答題，而我們原本有能力解答出正確答案，或在工作中失誤連連，因此削弱工作保障的機會。當我們睡眠不足時，其造成失誤的後果是極其負面的。例如，睡眠時間少於六小時的人，顯著比那些有整整八個小時睡眠者更可能涉及汽車事故。隨著時間的推移，睡眠不足會影響整體健康。睡眠不足會削弱機體免疫力，使我們更容易受到所有疾病和病症的侵襲（這當然也會使壓力水平提升）。有很多理由讓我們去努力得到足夠的睡眠，睡眠與壓力管理是最能被相提並論的項目之一。

睡眠破壞者

正如自我照顧一樣，睡眠對壓力的紓解是很重要的。當得不著充足睡眠時，特別是定期或連續數天之久，將陷入更多壓力的惡性循環，因而更加容易睡眠不足。下面是一些導致睡眠不足的主要元兇：

＊繁忙的行程。正如運動和適當的營養一般，忙碌的行程安排，使我們不得不消減床上睡眠時間。一些人落到此種光景，充足的睡眠被看作是一種奢侈品。然而，當我們仔細檢查所有睡眠不足的負面影響時，會較容易辨識出繁忙的行程中有哪些活動可以被挪去，或哪些項目可在間隙時間加上去。例如，小睡片刻。

＊外界的影響。如果你的朋友、家人或室友們習於減少睡眠，你會發現自己也在做同樣的事。你很難成為第一個去睡覺的人，特別是當仍然有樂趣可尋時。在這種情況下，你可能需要接受你是為了滿足最重要的睡眠需求而做出努力的人。

*壓力。人們通常會發現，壓力本身常使得充分睡眠更加困難。無論是因為壓力促發我們身體不能放鬆而熬夜，或因我們忙於思考問題和潛在可能的解決方法，身處壓力情境使我們更難入睡。且在當晚入睡後，我們可能會再醒來，發現腦中充滿第二天解決壓力的方案，導致難以再入睡。即使找到我們所需要的高品質、舒適的睡眠方式，都有可能受到我們所要面對的壓力之影響。管理好壓力能帶來更好的睡眠，就像好的睡眠有助於我們更有效地管理壓力一般。

*習慣。我們可能沒有意識到，某些入睡的生活習性，絕對也是一個影響因素。在時間太晚時飲用咖啡因，對睡眠會是一個顯著的影響，因為咖啡因在體內會停留幾個小時，很難讓我們沉沉睡去。睡前運動也會產生相同的影響，因為我們的生理尚未做好深度放鬆睡眠的準備。同樣地，在深夜使用視覺電子媒體可能會轉移褪黑激素的水平，騙過身體，讓它覺得時間尚早；發生這種情況時，睡眠一定受到影響。通過避免傍晚及夜間咖啡因作用，以及避免睡前至少一個小時使用電子媒體與做運動，你將更容易使身體入睡，並停留在良好的睡眠品質中。

*潛在的健康問題。某些健康問題會影響睡眠，正如各種藥物的效果一樣。如果你已經嘗試過本書推薦的技術，仍然無法順利入睡，或者如果你懷疑問題比想像更嚴重，向你的醫生諮詢、請益。理解問題的根源是很重要的，此外，還有很多方法可以幫助你更容易入睡。

如何管理

增進你的睡眠

除了上述要點外，有幾個實用的策略，在你改變睡眠型態時是有效的。以下是要牢記在心的重要事項：

未雨綢繆

我們很多人都要等到筋疲力盡，或已完成計畫表之待辦事項，才願意倒在床上休息。這個問題是，我們可能沒有意識到自己到底有多累，**直到**我們倒在床上。這事關我們計畫表的待辦事項可能太長又多，如能依下列方法預先規劃，你可以確保更好的機會擁有足夠並良好的睡眠。

- 務必把睡眠排入你的日程安排中。設定一個就寢時間，並堅持下去，盡可能在接近的時間睡覺。
- 為了創造更多的睡眠時間，在可能的情況下減少不必要的活動（金鑰 5 提供一些有效的策略）。
- 讓他人知道你的睡覺時間，設定界限，固定作息。
- 戒除午晚間的咖啡，以及夜晚間的運動、電子產品使用，或至少在活動與睡眠時間中有一小時的緩衝時間。

可採用的放鬆方式

你可以採用幾個放鬆方法，使身心進入較為放鬆的狀態，以催化進入睡眠。下列活動可以成為夜間常規的一部分，幫助你紓緩壓力，更容易進入睡眠。

- **洗澡**。夜間洗澡可以提供一個美妙的放鬆方式。添加薰衣草沐浴精油是對你有利的芳香療法之一；研究顯示，薰衣草的

香味不僅能幫助入睡，還可以提高睡眠品質。溫暖的水可以放鬆肌肉，此外，夜間洗頭髮還可以節省早晨的時間。

- **創造一個友善的睡眠環境。**確保你擁有好的睡眠之基本要件。有一個涼爽、舒適的地方睡覺，加上柔軟的、乾淨的床單是有幫助的。如果你經常有睡眠困擾，盡量只在你的床上做睡覺這件事；如果你需要閱讀、工作、看電視，或做其他事，盡量在另一個地方進行，如此你的潛意識可以將你的床及睡眠連結，此外別無他物。如果環境噪音打擾你，而且你無法避免，可以考慮購買一套音響設備，以紓緩你的睡眠，並阻絕分散背景噪音。讓你的周圍環境支持你的睡眠。

- **運動（但不能太晚）。**本書一直在提醒避免睡前運動，但有的夜間身體活動也不錯！事實上，在白天和傍晚，甚至稍晚，除了夜晚時分，從事身體活動能帶來更大的放鬆和睡眠的準備。再一次提醒，要確保你至少在入睡前一個小時前完成身體活動。

- **日誌書寫。**本書金鑰 8 將有更詳細的內容。日誌書寫可以是一個非常有效的紓緩壓力工具，日誌書寫可以採取幾種不同的形式。特別是如果你發現你的腦袋思緒不斷，而你又試圖要放鬆時，讓它們在紙上具體呈現，是一個有效的方法，並可作為睡覺前的準備。如果你十分關心將要面對的問題，你可以在入睡前，在紙上花幾分鐘時間做問題解決的腦力激盪。如果你睡覺前略感憂鬱，以一顆感恩的心做日誌書寫可以提供有效的幫助。這種靈活的作法可以為你帶來高度的內心平靜，如此有助於放鬆並入睡。

- **冥想。**冥想是另一種可以促進睡眠的策略，金鑰 8 將有更多

的探討。讓你的身心進入一個更放鬆的狀態，即可自然而容易地進入睡眠，透過冥想，可以完美地實現以上目標。特別是如果你感到壓力和忙碌，且苦於沒有足夠的時間做冥想時，睡前做冥想練習，將會是一天完美的結局。

如果問題仍然存在，求助於醫生

值得一再說明的是，如有潛在且偶爾會妨礙睡眠的醫療問題時，看醫生是需要的。如果你面對持續的睡眠問題，而這些技術不能幫助入睡，跟醫生談談以徵詢專業意見，以便了解是否有其他健康問題。

關於健康生活習慣的要點

健康的生活習慣是重要的，但當我們有壓力時，它並不總是容易獲得。下面是需要記住的重要信息，尤其是當你要維持並將健康習慣深植於你的生活方式時。注意以下幾點，你便可以擁有一個較健康的身體和較少的壓力，以維持自己在正確的軌道上。

健康的生活習慣需要時間來發展

當我們第一次嘗試實踐健康的生活習慣時，會感覺良好，但要成為自動化習慣，是需要時間的。正如在「緒論」中所討論的，神經通路的形成是緩慢而費時的，就像我們透過重複操作以強化心理習慣，通過重複練習，加強我們的動力，使之成為生活習慣的一部分。好比開始一條新路線去新工作，經過數次要求記住重點和規劃清楚後，才能將學到的路線流程

轉變為自動化；生活習慣可能會在第一次感到陌生，需要一些初步的努力，但經過持續練習，便能成為自然反應。

傳統智慧認為，須經過約三個星期才能發展成新的習慣，但時間的長短是非常個別化的，端賴我們花費多少時間和努力投入準備和執行、習慣養成的難度，以及其他一些相關因素而定。改變，一般要經歷幾個星期練習後才會發生。不管在什麼時間框架下，經過練習，我們最終才能養成未經思考即能維持新的習慣；它感覺就像自動形成的。這並不是說，習慣不需要經過一些努力，正如開始一條新路線去上班仍需**一些**努力。這似乎是讓自己不必再做選擇，但更像是不必再多思考，做了就是了。然而，如果你停止不再持續，你將失去使之成為生活中自然的一部分。

因此請記住：熬過最初的幾個星期或幾個月後，上班的路途將變得更加容易。這是你要記住的一個重點，因為一個新習慣養成的頭幾個星期，往往是最困難的。瞭解經過起初的努力，路途會變得習慣而順暢後，這將使得有時失去動力和養成長期習慣之間的差異凸顯出來（請閱讀本書最後一章「創造一個行動方案」，將有更多維持長期習慣的內容）。

🌿 健康的生活習慣有益其他因素

我們已經討論過，當我們感受到壓力時，不健康的習慣如何傾向於相互影響（慢性壓力侵襲下的個人，不僅不太可能保持健康的生活習慣，因為他們可能缺乏能量去做出改變的努力；還會逐漸發現不良習慣更誘人，因為壓力促使他們渴望不良的嗜好）。幸運的是，情況並非如此，健康的生活習慣往往使我們想維持更健康的生活習慣！這是因為在一方面的改變，能移除在其他方面阻礙較健康生活的壓力。好比一個為先前久坐不動的個人設計新的運動計畫，將帶來健康的增進一般。因此，如果你開始有更多運動，你可能會發現自己渴望較少的甜食和碳水化合物。並且你會

發現你的頭腦比以前更清晰，使你在晚上睡得更好，獲得更高質量的睡眠。你可能會發現你更輕鬆、更耐心、更寬容，它可以在你的人際關係上有所幫助。所以，請牢記在心：**一個改變將使得所有其他的改變更為容易**。這真是一個很棒的動機，誘發出第一個改變的可能性！

微小改變能造成大不同

當我們身處壓力下，生活在較不健康的方式時，很容易感到心力交瘁。人們經常發現在健康和自我照顧上做改變的動力不足，因為要改變的項目**這麼多**，於是他們在嘗試努力之前，即發現自己越來越洩氣，並想放棄。當最終結果很可能會失敗，為何要嘗試？

了解嬰兒學步是很重要的。不僅各個步伐的累積最終到達一個目的地，每一小步都可能使下一步更容易些，特別是在自我照顧的範疇中。這是如何達成的：當我們感到壓力和不堪負荷時，我們更少有能量來改變我們的習慣，我們更可能如前文討論的，渴望不健康的活動。正如健康的生活習慣有利於其他的健康生活習慣，健康的改變往往會自我延續，例如，採取快步走減輕壓力，並減輕壓力的發生率，反過來又可以幫助我們感覺較少力不從心、更少的體力耗費，且更有活力。隨後，步行變得更容易，更有吸引力。開始短距離的步行會導致更長時間的步行，習慣可以建立在自身習慣上（同理可推，健康的飲食、更多更好的睡眠，及其他自我照顧的活動等）。因此，請記住：**只要開始接觸一個健康的新習慣，將會容易維持這種新習慣**。現在，你不覺得更有動力了嗎？

每次做一個改變

學習有關健康生活習慣的好處是令人鼓舞的。思考你能從生活的改變獲得諸多好處，要是你嘗試一時之間做太多改變，很可能使你從倍感興

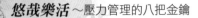

奮，頓時陷入力不從心的狀態。如果你試圖這樣做，它可以成為從哪裡開始改變的威脅。每一次專注於你生活方式的一個改變範疇，例如，獲取更多的睡眠，或一段時間採取一個新的習慣，像是下午二時後避開咖啡因。隨後，你就可以添加新的改變，讓以前的改變在對你有利的事上發揮作用。

 ### 不要放棄！

如果你發現自己重新陷入以前的習慣，**不要放棄**。請記住，在「緒論」中已闡明，這是改變過程的一部分（請詳見跨理論改變模式的第 5 階段）。事實上，你可以實際使用倒退的經驗推動自己向著目標前進。再次提醒，在本書的最後一章「創造一個行動方案」中，主要聚焦在實施這些變化的過程，並幫助你完成一個完整的計畫，而這一個重要的提示，可以幫助你走長遠的路以達到規劃中的階段。

問問自己幾個問題

- 當我身處壓力時，哪些自我照顧的領域是我所忽視的？
- 睡眠不足、營養不當，或缺乏身體活動如何影響我的壓力狀態？
- 什麼是最簡易可行、我可以確保的最好的自我照顧方法？什麼是最有效的？
- 在本章討論的技術中，哪些似乎和我最能產生共鳴？
- 如果我僅能選擇一個自我照顧的領域先下工夫，我會選擇哪一項，因為它會產生最大的影響？

評估你的答案

對上述問題的回答，能幫助你在你的健康領域中，找出最可能忽略的部分加以改善，並選擇採用新的習慣，使你身處在一個較健康的道路上。如何開始你的自我照顧計畫，將取決於你的答案，以及你的目標。哪些不良的習慣影響你最深？你願意開始最適合你的健康行動計畫，或最輕省容易、能被你採納的行動計畫嗎？

可嘗試的活動 **為行動計畫列表**

回答上述問題後，重讀本章為行動步驟列表，並選擇一些在目前與未來生活付諸實施的行動內容。隨後，根據那些最吸引你的需求及優先順序，選擇一個或兩個首先關注的重點。為了在保持新習慣上獲得更多的幫助，建立你的清單，並參閱本書最後一章「創造一個行動方案」。

可嘗試的活動 **完成一個運動清單**

確保在不久的將來開始運動，其中最好的一個方式，就是列出讓你覺得可能是有趣的運動清單。如果你感到困難，上網去研究在居住地區健身俱樂部的位置。瀏覽一下運動課程的時間表，並找出最吸引你的班別。如果你發現一個健身俱樂部有吸引你的項目，考慮加入吧！如果健身俱樂部之課程不是你要的，研究在居住地區的成人運動聯盟，跟運動夥伴討論他們是如何進行運動的，多方接觸以獲得更多想法。不要停止，直到你至少擁有兩個喜歡的運動清單。之後，開始行動吧！

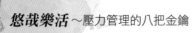

金鑰4

正確的心靈架構

我們的豐富不是因為我們擁有什麼，而在於我們能享受什麼。

——希臘哲學家 Epicurus

我們經常無能控制我們所處的環境，但是我們能顯著地掌握我們對環境的**反應**。因為所經驗壓力的大小，大都取決於我們對壓力源的思考方式，我們若能藉由培養寧靜的、專注於正向的態度，以及資源的有效使用，將大量減低對壓力的直接反應。本章將專注於策略上的了解，並維持正向積極的因應態度，其中包括：日誌書寫、樂觀、孕育感恩。

一個等級兩個觀點

Taylor 做了一份具有挑戰性的測驗，並得了個 C-。這是 Taylor 在大學入學第一學期所做的第一個測驗。根據這個測驗結果，Taylor 對未來做了一些預測。「我現在真是一個頭兩個大。我是不夠用功，但明顯地，我不適合這個班級的程度。事實上，我很可能在班上表現得一塌糊塗！我擔心我不是念大學的料。也許我應該現在就放棄。」

Francis 完成同一份測驗，並得到同樣 C- 的分數。他是大一新生，也是第一次接受這份測驗，他也同樣做了一些預測。「喔，這比我預期的分數更低。我還不夠用功，很明顯地，我該更努力些。這只不過是一個測驗，下次應該會好一些，我把分數拉上來不是太難的事。在別的課堂上我也應該表現更好些。我確定每一位大一新生的第一個學期都會有一次或兩次考試慘敗的經驗。我確定這不過是一次倒楣加上運氣不佳罷了，為了以防萬一，未來的考試我要更努力些。」

他們反應的差異落在一條線上：典型的樂觀與悲觀。他們對同一件事所做的詮釋大異其趣，同樣地，他們的動機和產生的行為反應亦有所不同。樂觀者極小化他們的失敗，且極大化他們的成就；而悲觀者恰恰相反。但他們都同樣深受生活中遭遇的壓力事件的影響。

心靈架構的重要

　　當許多人想到壓力管理時，他們想到的是如何降低或控制他們生活中所面對的壓力源。然而，當一些方法被用以消除或減低壓力源的數量後（正如**金鑰 7** 所討論的），卻經常發現無法消除所有的壓力源，也不可能將壓力源變得可愛些（正如**金鑰 1** 討論過的）。我們經常發現自己落在無法改變的困境中，或者，至少在短時間內難以改變。

　　這就是我們的心靈架構為何那麼重要的原因了。固然我們無法控制環境，我們仍能掌控對環境的反應。有效運用這些觀點以便掌控反應，我們便能降低所經驗到的壓力之負面影響。這個關鍵性策略適用於壓力紓解計畫中的每一個人，也適用於許多必須接受生活型態中布滿壓力因子，且已超越他們所能負荷的人身上。讓我們看看原因為何。

心靈因素如何影響我們的壓力經驗

　　潛在的壓力源持續環繞著我們。當中的某些壓力源對我們的影響大於其他人，而另外的壓力源對**某些人**的影響又大於其他人。其中的關鍵因素便是知覺：它決定哪些因素影響哪一些人到何種程度。身體的壓力反應通常被**所覺知的**對身體健康和安全的威脅所觸發，我們當中的每一個人對所覺察到的事物，可能都有某種程度上的差異感受。長期的觀察發現，兩個人能對經驗到的同一情境產生完全相反的反應：一位駕駛對塞車感到壓力與憤怒，然而另一位司機對塞車可能造成遲到加以接納，選擇放鬆，聆聽音樂。兩個人可能同樣面臨工作的挑戰與期限；結果是當中的一位感到幾乎要被沒頂窒息，心力交瘁，然而另一位卻對於完成任務感到振奮，且興奮不已。了解這樣的差異是如何發生，並審視如何將這些了解化為面對

潛在壓力源時有能力維持放鬆心情，是很重要的事。首先，最重要的是要了解，在觸發壓力反應和停留在放鬆狀態之間，我們所共享的因素（知覺）能左右一切。以下將針對此一因素詳加說明。

一個關鍵性知覺

如同我們在本書「緒論」所見，在我們面對一個自認無法迎合需求的情境中，我們便感受到壓力。這意味著在一個非我所期望的情境中，假如它的要求是繁重的，但卻是經過適量的努力即可滿足其要求的，我們便會覺得是挑戰或鼓舞的。倘若一個情境要求的資源或能力是我們力有未逮的，我們一般都會感到壓力，特別是無法達到要求的後果是嚴重的話會更明顯。但當我們有能力去迎合所面對的挑戰時，我們經驗到的就僅僅是挑戰或考驗罷了。為此我們感受到興奮不已，同時不認為是壓力。在我們估量過我們所面臨的挑戰，遠超過我們的能力所及時，我們所經歷到的挑戰是具有威脅性的，例如，對我們的人身安全、立足於社區、滿足財務需求或人際關係的能力，甚或我們自身的自我意識等。這是決定我們所經歷到的、壓力十足與否的重要決定因素，端視我們對一個情境的知覺為**威脅**或**挑戰**而定。或許某些個人因素會左右我們對外加的情境之知覺是挑戰或威脅，但當心靈知覺是威脅時，身體隨即做出壓力反應。下列幾種因素影響著我們，決定了我們經歷到的是威脅或是挑戰。

與生俱來的特質

正如人格心理學告訴你的，某些人格特質是天生的，這些話也是任何一位父母會告知孩子們的。心理學家經常提到「五大」人格因素，並認定是從出生即能被測量到的主要特質：對新經驗的開放性、和善性、嚴謹

自律性、外向性與神經質。我們對這五大基本因素的立場，能影響我們對所經驗到的事件，如何做出多樣性的回應。某些具內向性的特質者對於正式口頭報告，即使是對一小群人，都可能感到威脅；但對具外向性格者，面對同樣的挑戰，可能感到有趣。某些具嚴謹自律性特質者，對工作中大量且重要的作業可能感到威脅，因為這樣的人很可能正確精算過他或她在有限時間內無法令人滿意地完成此一任務；然而，另一些人可能因較少承諾完成較高品質的工作，而感覺輕鬆自在。相反的，就長遠來看，具嚴謹自律性特質者因經常能有較好的工作產出而感受較少的壓力；這也可能在生活中伴隨而來較多的成就經驗，以及較多的資源，並有助於從牽絆的工作之負面結果中脫困。這些因素影響我們如何表現，同時也影響我們的感受和知覺內容；特質因素影響我們成為什麼樣的人，以及如何感受壓力。

由於這五大特質都是天生的，因此當我們面對壓力時，我們多少能對這些特質的強度，以及人格特質本身之表達程度加以控制。雖然高程度內向性格者可能不像外向性格傾向者會成為宴會中的靈魂人物，然而，心理學家估計我們能改變幸福感的比率約佔 40% 至 50%，同時在正確估算特質的改變上，也類似這個比率。透過實務練習，我們可以強化或減低天生特質的運作，使我們改用不同的眼光看待事情，並做出反應。可見我們雖無法改變天生的特質，但能塑造與生俱來的特質之運作形式。

可取得的資源

由於我們對壓力的知覺驅動我們預估符合所面臨的要求需要的能力，我們對所擁有的資源的信念將大大影響我們的壓力感受。在這裡使用**我們對所擁有的資源的信念**一詞，乃是因為我們經常擁有比我們認定的更多、更大的內在與外在資源。這些資源包括：物質資源如工具、財產；社會資源如有能力支持的朋友；內在資源如活力、智能，或個人復原力等在

多方面提供助力者。不過，在我們使用資源之前，我們有必要先弄清楚它們的作用為何。如果我們擁有比自己所認定更好的能力去面對挑戰，我們仍會經歷到壓力，因為我們通常會預估我們是無能力因應特殊挑戰的（要是我們高估我們的資源，這也會導致壓力，因為我們終究會了解我們是無法承擔的）。因此，清楚覺察自己擁有或未擁有可利用的資源，且確信這些資源是可靠的，有助於更精確衡量所處的情境，以及所經歷的壓力。強化你的資源也同樣能消除壓力，因為我們都擁有自己獨特的資源，據此對潛在的壓力源做出獨特的反應。

過去經驗

　　年幼的生活中，我們即開始從我們的經驗中學習，我們從中學到對自己、對環繞我們的世界的思考方式。我們對世界的假設立即影響我們的想法，並持續到今天的許多經驗。那些早期經驗到創傷的人，可能對現今的一些經驗特別敏感，因此，對其他大多數人並不以為意的情境，在曾經驗到創傷的人身上可能造成莫大的壓力（相反的，這些人可能已發展出獨特的優勢，能對創傷做出反應，並從中復原，這些優勢可能成為個人復原力的額外項目，藉此消除壓力的感受）。在過往時日，我們都曾遭遇一些無法因應的挑戰，其結果是，我們已發展出一套在現今面臨同樣情境的無助感。同理，我們也可能從早期的成功經驗發展出一種自信感，這種自信感轉換成當今內在資源豐富的感受。我們擁有的這些經驗，以及更重要的，從這些經驗形成的信念，深深影響我們今天對壓力的情緒感受。

習以為常的態度

　　當我們建立起某些經驗時，我們同時養成某些思考模式，通過這些方式得以定義壓力事件。正如同我們可能會發現在經歷通勤上班一段時日

後，雖然不再記得來回轉幾個彎，但仍能順利來回上班地點與家門一樣，因為我們行經的路線早已形成自動化，在已形成的熟悉思考模式中做出連續自動化的回應。

例如，要是在早期經驗中，我們曾有過與所愛的人激烈爭吵而後被拒絕，並從衝突中導致失落，如此我們將比那些曾有衝突但能化解且導致較健康的人際關係發展的人，更會因人際衝突而產生壓力。一個因衝突導致拒絕的信念，在面臨的威脅升高時，將轉換成習慣性憤怒、逃避，或至少是負面反應的思考模式，這些都將導致壓力的產生。在許多情境中，尋求解決衝突不必然是個好主意，但在尊重的方式下接納對方並面對衝突加以解決，對兩人的關係發展是有助益的。對上述有類似經驗者，能產生習慣性思考模式，因而能經歷到不僅較多的健康關係，同時在關係中經歷較少的壓力反應。

檢視你的習慣性思考模式，並且挑戰它，能促使你面對潛在壓力源反應時，做出最好的**選擇**加以反應。思考的習慣與其他生活型態的習慣相同，改變習慣當然是需要費時耗力的，但改變是有可能且是值得去努力的。

哪些思考模式對壓力是有助益的？

了解思考模式如何促成了壓力是很重要的步驟，並且體認到改變這些想法是有可能，也是有價值的。然而，在我們改變思考模式以利於壓力的紓解之前，有能力去認清最具傷害性及效益性的思考模式是關鍵因素，藉此我們才能做出真實有用的改變。下列思考模式對壓力的損害程度具有最大影響力。

悲觀與樂觀

一般人經常想到悲觀者的特質是看到杯子裡的半空狀態，而樂觀者則看到杯子的半滿狀態。這意味著悲觀者在一個失誤的情境中較常注意到負面的事物，而樂觀者則專注於正面的好處。這固然部分為真，然而在定義樂觀與悲觀的特質上，這又顯得過於簡化了。我們的悲觀或樂觀的傾向，與我們對經驗的詮釋風格或解說方式有關。當我們透過自己的詮釋風格看待事物時，樂觀與悲觀是相對立的。正面事件發生時，樂觀者習於在過程中經歷到三個主要的假設架構：

- 樂觀者評定自己生活中的每件事都是正確無誤的。
- 樂觀者能將一次成功視為更多成功的證據。
- 樂觀者假定他們的成功效果是長久的。

而悲觀者傾向於被相反的假設所支配：

- 悲觀者習於將正面事件歸因於危機或自身以外的外在因素。
- 悲觀者深信生活中的成功是獨立事件。
- 悲觀者深信他們的成就是短暫的。

當我們面對負面事件時，樂觀者和悲觀者立場改變，並傾向於對立面思考事件。樂觀者相信是短暫的、獨立的，且是由外在因素引起的；然而悲觀者深信負面事件具長時間效果，暗示後續將再發生，同時某種程度是本身失誤造成。

這種完全不同的知覺型態，係肇因於樂觀者根深柢固的在情境中從正面看待事件的傾向，而悲觀者的傾向正好相反。樂觀者相信他們一定會成功，因此傾向於祝賀成功，看見處處有機會，信任自己是有能力的，這

種種因素都導向對自身資源深信不疑,且減少壓力的影響。而悲觀者由於往往看到潛在的問題,習於預備後續方案,因此常付出更多心力去因應;他們也看到較少的機會,深信自己的不足,並做出最壞的打算。悲觀者有很好的理由讓自己經歷到更多的生活壓力。

一般有悲觀傾向者很可能會猜想樂觀者所看到的都是他們想看的,有關的研究支持,樂觀者的確有此情況。然而有趣的是,研究亦發現樂觀者並非因為**享有較好的生活條件**,以至於感到快樂些;更正確的說法是,他們看到有利的部分是因為**他們樂觀地看待世界的方式**。特別值得注意的是,樂觀者享有較好的情緒健康、長壽、生活中較多成就,以及較少的壓力。一個檢視樂觀者的影響力之研究,正如正向的效果(持續的好心情)和社會性支持的研究結果一樣,發現這些因素能有效區辨對身體健康的影響約達 17%,對心理健康的影響約達 33%。這些發現再次強調正向思考、幸福感、支持性朋友在生活中的重要性。

相反的,悲觀者不僅失去樂觀者享有的幸福感,根據一些研究結果,他們也同時經歷到較不良的健康狀況。悲觀者傾向於具有較高的傳染疾病之病發率、健康不佳,以及較早的死亡率。相對於樂觀者,悲觀者在生活中享有較少的成就經驗。悲觀的思考模式可能是微妙難捉摸的,但值得去確認並消除它,這樣才能讓生活中有更多的正向經驗。

認知扭曲

因為習慣性思考型態、過去經驗、天生特質,以及更多因素等,都會進入到我們對壓力的知覺系統,以致想要維持真正的客觀知覺,要不是不可能便是極度困難。值得注意的是,人們傾向於扭曲他們所看到的周遭事物。這是因為我們的大腦基於保護我們而自我採行的運作方式,但卻因此而引發許多壓力。認知心理學家 Aaron T. Beck 認定此一現象,並創造

出**認知扭曲**這個專有名詞。透過扭曲，有助於我們暫時性逃離情緒性的痛苦，這些痛苦是因我們認為自己必須為不完美的環境負起責任，或留意到發生在我們身上令人失望的事件。然而，認知扭曲也會為我們帶來無望、受害、生氣，與倍感壓力的感受。我們大多數人對上述扭曲現象多少都有一些習慣性傾向，我們越能明確覺察，越能有助於我們認清它，並能開始在思考方式上做改變。下列是一般共同的認知扭曲及其範例：

*   **全有或全無思想**。思想中使用兩極端想法，沒有灰色地帶。

    「這不僅是糟透了的一天，更是*前所未有的淒慘日子*。」

*   **過度推論**。針對獨立事件，認定未來一定會重複出現。

    「這不僅是挫折的一天，*將來必定再發生*。」

*   **心理上的過濾器**。掩蓋正面事件。

    「這不僅是一起負面事件，*還害得一整天都是不好的經驗*。」

*   **使正面事件失去應有的定位**。將正面事件視同僥倖，而對負面事件加重計分。

    「沒有所謂的『光明面』，*因為除此以外，不會有好事發生*。」

*   **跳至結論**。先有定論，隨後找尋證據支持假設，而不願選擇由證據引至邏輯性總結。

    「由於先做錯一些事，*接著每件事也都出差錯，而某些人必定蓄意讓它發生*。」

*   **極大化與極小化**。誇大其詞或無法將事件落在應得的意義所在。

    「這真是*世界末日*」，或「*天塌下來也沒什麼了不起*」。

＊**情緒性推理**。認定情緒為事實。

「我對你感到憤怒，因此你一定有錯。」

＊**「應該」的陳述**。生活在一套死板的規則中，並深信別人也應當
活在同樣沒有彈性的規範中。

「不用我問起，他們應該知道我要什麼。」。

＊**貼標籤與貼錯標籤**。將經常不正確的標籤貼在自己和別人身上。

「你就是一個悲觀主義者。」

＊**個人化**。為了非個人所能掌握的事件責難自己或別人。

「你毀了我的一天。」

　　認知扭曲通常透過幾種方式運作，導致產生更大的壓力，例如：造
成關係衝突、感覺持續不佳（注意上述多個例子都與悲觀的解釋風格有
關）、持續專注在自己無能控制的部分以取代有能力控制的範圍。解決之
道是，如能讓自己敏感於認知扭曲是如何慢慢潛伏進入我們的生活中，將
有助於紓緩它的牽絆，加強效能感，並且經驗較少的壓力。

　 反芻

　　你曾否因為某些事感到倒胃口，但卻又無法排除於腦海中。尋找一
個解決問題的方法之意圖不經意地一再進入你的思緒，為此人們被壓力、
負面情境、一再縈繞腦海中的想法給盤據，卻未能找著解決之道。反芻是
真實的反思與憂思的結合。對問題的反思能促使問題解決，但憂思與較大
的壓力與負面心情有關。當它加劇無助、挫折與傷害的感受時，這類想法
更是帶來破壞性壓力。除了與較負面且充滿壓力的心靈有關外，反芻也與

缺乏積極主動性行為（被困在負面情境中）、自我破壞行為（大吃大喝），甚至其他健康問題，如高血壓等連結在一起。如果你發現自己身陷反芻困境中，須知它是最能影響你的壓力強度，並破壞你的身心健康的要素之一。

一個重要的預警

　　一種不夠周延的說法宣稱，所有的壓力都是知覺所引起。某些經驗被知覺到壓力滿滿，是因為這些經驗的需求超過我們能力所能給予的。當情境無法控制時，意指我們不具備所需能力，或身心負荷已持續很長一段時間，與個人知覺並無直接關係。這在研究文獻上早已被證實，且文獻亦明文指出，由於人們經常發現自己在壓力的情境中，其心態與角色可能都會受到正向思考或相關策略的失敗無用所左右。很重要的是，除了運用這些實用性的壓力紓緩技術外，再加上採取正確的心靈架構，將對壓力經驗的消減有顯著性效果。不過光是透過單一策略，並無法全面消除壓力的影響。如果你感受到壓力減少了，但壓力經驗卻無法全面且立即被除掉，請適時慶賀你的進步，即時增強，千萬別放棄。每當我們使用一些策略去改變我們的心態時，我們一般都會覺得壓力減少許多，在壓力紓緩下，能使我們更有能力引發其他的改變。你將在本書中讀到更多相關有用的內容。當你發現單一策略無法停止所有的壓力，它仍然可以是一個紓緩壓力的有效方法，而且不管是使用單一策略或偕同其他壓力紓緩技術，都能在健康與不健康的壓力強度上造成一些正面改變或影響。

重點記要

　　當我們討論思考風格以及這些因素對壓力的影響，且為此做出總結

以利記憶時，以下列出的關鍵性重點可供參考：

- 我們可以控制對環境的反應，即使環境本身並非我們能控制。能做到這點，我們即能大大地減少負面的壓力經驗。
- 我們的壓力反應是否被激發，端賴我們是否知覺到所處情境對我們的身體、情緒，或心理安全是有潛在的**威脅**而定。
- 並非每一個人所經驗到的潛在壓力源都是一樣；我們發現並非所有的事件都具有普及性的壓力。
- 我們對壓力的知覺可能是獨特的，關鍵在天生的特質、可用的資源、過去經驗，以及習慣性的思考模式，上述因素都可能影響到我們如何反應，以及在不同情境中，我們如何感受到壓力。
- 某些思考風格，特別是悲觀、認知扭曲，以及反芻習慣，對心靈的平靜，甚至健康是有害的。
- 某些情境，即使未被知覺到壓力，都可能要付出代價。改變你的思考風格並未能消除所有的壓力（事實上沒有一個策略能達成），但它能及時在你眼前的壓力事件及過往經驗上，產生顯著性的正向改變，而這些能促發其他多方面的正向改變。

可嘗試的活動

由於檢視我們日常生活中造成壓力的思考過程，以及習慣性思考模式的改變是可能的（且是有說服力的），因此，要保持樂觀是有充分理由的。單單變得敏銳覺察悲觀、反芻、認知扭曲，以及其他思考模式是如何影響生活，只是鬆開負面影響的第一步。一旦你變得敏感於這些思考方式是如何影響你的經驗，你即能開始自動化地留意並挑戰自身的壓力。然而，假如你透過行動，把注意力放在下一個改變階段，你將減少逐漸遺忘

所學習的可能性，並停留在調整過後的思考模式和行為中。下面的「改變想法」練習能鞏固你所學的，並轉化成長時間的改變，它同時能有效影響你的壓力反應程度。

🌼 思考的中斷

現在你可能已覺察到你需要改變一些思考模式，要記住重要的一點：改變這些自發性的思考模式是有可能的。然而，它需要時間和努力。當我們一再地用同一種方式思考問題時，我們的大腦會變得熟悉這些思考路徑，正如同我們每天下班開車回家不必費心思考要轉幾個彎一樣，它就是那麼自然地發生。在改變你不受歡迎的習慣性思考模式的一個重要步驟是，學會抓住自己，並當你發現自己蹉跎在老路徑時，停下來而不繼續想下去是有益的。思考的中斷練習有助於思考內容的覺察，並讓自己免於持續使用舊有的思考方式。下列的思考中斷練習將有助於使用樂觀取代悲觀的思考模式，用更聚焦於現在的思考取代反芻式思考，或瓦解其他你樂意去中止的根深柢固的思維模式。

橡皮筋反饋

橡皮筋反饋是專為配對負面刺激的一個古老技術。當你感到橡皮筋啪地一下猛然彈擊對皮膚造成刺痛時，相較於伴隨著多餘想法的不舒服，那是次要的疼痛。這些多餘想法會瞬間與負面反應作連結，如此，你將被激起避免負面的想法。橡皮筋反饋策略在臨床上經常被廣泛建議，且是具體可行的。其簡單步驟為：

1. 在手腕套上一條橡皮筋。
2. 當你發現自己沉溺在亟欲避免的思考模式中，拉拉橡皮筋，藉橡皮筋回彈啪地一下猛然彈擊造成皮膚刺痛的感覺。

3. 依需要重複動作，一再做出提醒的作用。

橡皮筋反饋技術能使你控制負面感受的強度，同時扮演著提醒者（看到橡皮筋套在手腕能提醒自己你的目標）與威懾者（持續彈擊刺痛讓人厭惡，且引發次要的疼痛不舒服）。此一技術有助於人們放棄行之有年的負面思考習慣。經過短時間練習後，你將收到良好效果。

「停止」思考

假如你是習於視覺取向者，較難接受加諸於身體造成的不方便，或不願被看到穿戴在手腕上的橡皮筋，經過轉換的類似技術可能更適合你。例如，在心裡想像一個停止的訊號，越詳細越好。你可以使用一個標準化交通號誌，或你可以想像一個簡明字句的訊號、一隻紅色的手掌，或其他任何意味著要你**停止**的物件。當你發現自己涉入到自己希望消除的一種思考模式時，盡可能快速抓住想像的圖像，並改變你的焦點。這個技術比僅僅抓住你自己的想像，同時改變焦點來得更容易有效。因為你正在創造一個較強烈且印象更深刻的刺激，去連結到你想努力去除掉的習慣。藉此能更有效地幫助你改變焦點目標。同時毫無疑問的，它也能產生與原先習慣性思考截然不同的想法與內容。

深度呼吸

幾個世代以前，當人們感到即將力有未逮或瀕臨生氣發怒時，為了及時有效掌握自己並改變焦點，人們被教導從一數到十。隨後，這技術流傳開來，到今天，因為它仍然有效，因此持續被使用。從一數到十，並同時做深呼吸，會得到加成的效果；在未大聲數數字以喚起注意力的情況下，引出積極正向的放鬆效果，是其一大特色。深度呼吸能放鬆身體，活化血中含氧量，整理思緒，同時轉換身體的壓力反應。下列要點供作記憶

之用：

- 當你呼吸時，放鬆肩膀，並從橫膈膜呼吸。盡量將肩膀停留在原處——隨著每一次呼吸不高舉也不下垂——當你呼吸時，腹部隨著擴張和收縮。

- 為了調整呼吸速度，吸氣時心裡默念到三，呼氣時默念至五。這個長度的呼吸，讓你很自然地轉換到專注於內在的狀態。

- 經過短暫數秒後，當你感到內心清明舒坦，你可選用自己較想養成習慣的新的思考模式，繼續操作。

- 將這些迷你的呼與吸配對較長時間的冥想和呼吸，只要你的身體記住所經歷到的放鬆狀態，即能快速有效的回復到這種狀態，且快速獲得精神充沛的益處。

就這樣。正如想像中的簡易可行；你只要記得實際操作就對了。

日誌書寫

日誌書寫（或以鍵盤輸入你的想法）能夠產生極好的益處。日誌書寫早已被發現與減少哮喘、關節炎，及其他健康狀況有關。同時，它也與增進認知功能、減少沮喪症狀、增加免疫力，以及降低憂鬱程度有關聯。日誌書寫已被治療師、健康促進者，及教練等推薦為紓解壓力及內在改變的主要方法之一。下列日誌書寫技術對進入正確的心靈架構，及一般壓力釋放，同樣是有幫助的。

情緒歷程日誌

日誌書寫對情緒歷程而言是有意義的，它能成為負面感受的宣洩出口，且能成為情緒歷程與腦力激盪解決問題的論壇。在本章問題探討中，

可透過這類型的日誌書寫來順利完成。下列是維持一個情緒歷程日誌書寫的幾項要點：

- 不要覺得每日書寫是一種義務，你可以每日輕易地完成它。如果你為自己每日書寫設定高標準以致無法維持，它會變成一個容易放棄的任務。

- 寫下你正向與負向的感受，但也須花費些時間專注在問題的解決。研究顯示，對這類書寫而言，發覺問題解決的方法是最有效的策略，同時它會幫助你避免落入反芻的惡性循環中。

- 寫下你感受到什麼，以及為何你有這樣的感受。假如這些感受促動你原先以為自己能夠因應處理，而事實上無法處理的情緒經驗的話，你可能需要一位治療師的支持陪伴，共同探討這些情緒的內涵。

感恩日誌

當感恩日誌處處可見之時，感恩日誌早已成為過去二十年較為盛行的壓力因應方式，並且也成為正向心理學與健康心理學領域研究的焦點主題。研究顯示，不僅是感恩日誌的書寫能增加幸福感，它甚至也能有效移除沮喪的心理症狀。當你能隨著下列方式操作時，一定能收到最大的效益：

- 每天寫下三件事。寫下事件內容，及為何你感恩的緣由。其內容可以是發生的事件、採取的行動，或生活中遭遇的人。

- 寫下環繞在這些事件的感受。

- 如果可能，在一天的結束時寫下這些內容，反思在這獨特的一天中，發生什麼事。這樣的書寫方式，將會鼓勵你去思考一天中有哪些感恩的事件，並記錄到日誌當中，因而有助於在入睡前，在心靈上得到平靜安穩的思緒。

當下覺知（正念）

在東方的世界裡，冥想一直以來都盛行著，到如今，它益發被全世界所樂意接受，並視之為紓解壓力的一種有效方法。目前，在健康心理學領域已得到扎實的研究成果，證實冥想的效益，對當下覺知的實踐者（修行者）、治療師、教練，及醫生們均推薦這些活動給急需紓解壓力的病人和受輔者。除了單純的緩慢呼吸與身體鬆弛之外，由一個寧靜、專注於當下的心靈傳達的生理益處，也一再地被相關研究證實。下列對當下覺知之練習，將有助於你學會清理負面、反芻式思考的心靈。透過一再地練習，你將獲得清明的心靈，並使之成為自動化思考的一部分。

迷你冥想

冥想的操作與本章前述的呼吸練習有相似的理論基礎。冥想已被證實在實施二十分鐘或更長時間內，即能產生很大的效益。而對經常做冥想練習者而言，他們甚至在短短五分鐘或更短的時間內，即能放空心靈，快速回復到熟悉的內心平靜狀態。迷你冥想能透過下列簡易可行的步驟練習：

1. 深沉而緩慢的呼吸，放鬆你的肩膀，隨著每次呼吸擴展與收縮腹部（若欲了解更多細節說明，請詳閱前述有關呼吸練習之內容）。
2. 當你專注在呼吸時，清理腦海中所有的雜念。
3. 當雜念進入你心靈時，溫和地重新導引至專注在呼吸上。

有一件重要的提醒是，當你有完美主義傾向時，腦海中出現雜念是很正常的；這種現象在練習多年的人身上，依然會出現。因此出現此一現象，並非意味著你的練習是失敗的。要是它出現在你身上，只要溫和地重

新導引注意力即可。假如你感覺不對勁，可以嘗試將注意力抽離雜念，重新導回專注呼吸即可。

🌼 思考中斷練習

冥想練習與迷你冥想極為相似，可以練習數分鐘，或一小時甚至更久。其中主要的差別在於，冥想中可能在腦海中融入較多的意念想法。由於這些想法意念在被擱置一旁前，本就被強調著，許多人感到難以清理這些意念想法，而難以從中享受練習的樂趣。冥想也提供從思考型態中分離的練習，意即可以成為一個觀察者，取代浸淫在意念中或甚至深陷其中的主體加以體驗。此一技術有助於在日常生活中，由觀察者的角色協助跳脫負面思想型態。下列說明簡易的實施過程：

1. 找到一處安靜地方，調整舒適位置，進入深沉而放鬆的呼吸方式。
2. 專注在呼吸之間，且停留在當下的時刻。
3. 當想法念頭進入腦海中，簡單標示它們，是**論斷、擔心、疑問**，或任何形式的想法。你或許就停留在上述單一的**想法意念**。
4. 重複或持續你所預定時間長度的冥想放鬆。

練習能幫助你花費較少的心力在想法上，同時能更敏銳地掌握被你所控制的想法。

🌼 巧克力冥想

巧克力冥想這種受歡迎、流行的練習經常在為時八週的正念減壓管理（MBSR）課程中做深入探討，其內容被證實能減緩壓力的嚴重程度，以及其他健康相關議題之促進，其中包括：焦慮症候群、憂鬱、關係修

復、睡眠問題、飲食疾患及其他問題等。巧克力冥想也因它的美味而極為盛行（別擔心，少量黑巧克力的使用對大多數人而言，是利大於弊的）。下列簡要說明如何練習巧克力冥想：

1. 在大拇指與食指間拿著一小片黑巧克力。

2. 運用你所有的感官去體驗它的存在。聞一聞。體驗它在指縫中的感受是如何的：它是鬆軟的、冰涼的、即將融化的？觀察一下它的顏色與紋理質感，詳視它的形狀，以及你的手勢。盡可能花點時間去留意當中的細微處。

3. 當你拿起巧克力放入口中，感受一下你手臂彎曲的樣子，留意手臂皮膚上衣袖的皺褶（如果穿著長袖），或者當你彎曲胳臂時，皮膚的感覺如何。體驗一下，當巧克力接觸你的嘴唇時，感受到什麼滋味。

4. 當你開始食用巧克力時，先輕咬一小口，並讓巧克力融化在你嘴內。

5. 繼續緩慢地體驗當下的每一刻，一直到整片巧克力食用完畢。

這是一個源自 MBSR 課程的簡短練習，用以體驗專注在此時此刻的感受之有利處。在 MBSR 課程中，享用巧克力冥想的練習將更為徹底且詳盡。在實際紓解壓力練習中，巧克力冥想是十分受用的。每日練習這類型的冥想，你將發現它能輕易地清理心中負面的想法，並把焦點放在當下。

問問自己幾個問題

- 想一想在你的生命中，最近一次成功是哪一件事，或記憶中最鮮明的成就經驗為何。在一張紙上，描述自己如何達到成功的方法。哪個因素有助於你達到成功？這次成功又如何影響你對未來的期望？當你完成日誌書寫時，讀一讀你所寫下的內容，並專注在你是如何歸因成功經驗的，且想一想你據以解釋的標準為何。

  - 你傾向樂觀或悲觀的想法？
  - 若你傾向悲觀，有何實際方法可將自己的注意力轉換至樂觀或至少是中性的？
  - 當你下次成功時，會讓你想起哪一個重要想法？

- 完成上述活動後，接著寫下一個當你試圖努力，卻仍遭遇挫折失敗的時間點。

  - 依照你解釋類型的標準，你會歸類自己為樂觀者或悲觀者？
  - 若你傾向悲觀，如何務實地改變自我對話以提升心情，同時採用樂觀的想法？
  - 哪一個要點，在未來遇到挫折時，較有助於維持較樂觀的觀點？

- 當目標無法達成或遇到挫折失敗時，你會傾向採用上述哪些學習經驗，並且隨即能派上用場？或你會有下列反應：在未深思前刪除這些經驗，並繼續上路，彷彿未曾發生過一樣；持續用失敗的理由來打擊自己，從未來挑戰前撤退，或是指責或惱怒別人。想想曾遭遇此情境之時間點，並反思過去的處理經驗。

  - 這些年來你是否改變過？如果是，你是如何改變的？
  - 你喜歡這樣的改變嗎？若是，在哪些方式？

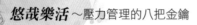

．哪些關鍵想法你能存記在心，並盡可能用最健康的方式鼓勵你
因應這些挫折失敗？

評估你的答案

　　簡單自問並探討答案能夠有助於改變自己的思考型態，此外，藉由對現
階段自己處境之覺察，能確定未來努力的方向。仔細想想每個問題，並思考
答案真正告訴你的是什麼。哪些想法讓你樂於改變？在改變過程中，你身處
何處？未來的改變方向為何？基於你未來將如何思考問題，你會發現最急迫
且樂於改變的思考方式。接著，練習本章所列一個或兩個活動，並使用你的
方式達成較多正向、較少壓力的內在心靈。經過一段時間後，這些新的思考
習慣就能形成自動化反應。恭喜你，上路吧！

金鑰 5

盡量減少壓力源

留心忙碌工作背後生活的荒涼與貧瘠。

——蘇格拉底

我們無法消除生活中所有的壓力（坦言之，我們也不會想要如此），但透過認清我們的慢性壓力源，並且盡可能地加以消減，因而能顯著減緩壓力的影響。本書其他章節內容已涵括如何消除壓力源之因應策略，本章將進一步幫助你認清生活中有哪些領域可以簡化或減少慢性壓力源，並且以更為實際的方法創造激發改變的行動計畫。

鴨子啄得滿頭包

Danielle 很喜歡成為眾人都需要的人。她事業成功，有小孩，工作之餘還擔任幾個公益團體的領袖。由於她既有效率，又樂在其中，一旦人們需完成一些棘手的事務，多會找上門尋求她的協助。許多時候她會感到忙得透不過氣，因為被請託的事情全都費時耗力又亟需完成。有時她因參與太多活動而感到力有未逮，但有時能及時完成一些方案計畫，她又因此感到成就與快樂。不過大多數時候，當許多人都同時需要她幫忙完成一些芝麻綠豆小事，或當她的生活中有太多事務需要費心完成時，總讓她自覺有如被「鴨子啄得滿頭包」的處境。所有這些看似小小的甜蜜負擔累加在一起，便形成沉重無比的負荷。每個人都有心力體力的限度；當 Danielle 開始有心悸不適的經驗，她仍不自覺已經處於身心健康的臨界點。直到第一次無預警的恐慌發作時，她才警覺到是該省思自己的生活型態了。

在與醫生詳談並了解壓力是主因後，她開始仔細檢視自己的生活與選擇。在檢視生活的過程中，她了解到因為過度的自我要求，而超越實際的需要，進而危及身體的健康。為了找到一個補救性的平衡點，Danielle 學會去檢視自己參與過多旁人的事務到幾乎沒頂而產生的身體徵兆，並且在陷入幾乎心力交瘁時，生理感官導致發病前的變化。同時，她也發現過多的責任感對她無益，不過是徒增身心能量被榨乾的速度而已。由於體驗

到有如被鴨啄的困境與光景，她主動興起減少生活中繁雜事務的念頭，同時，終止或婉拒不需要的承諾。起先，她得費點心力去因應婉拒他人的請託，不過卻發現在清理了工作之後，壓力就減少許多，因而逐漸習慣婉拒。現在，Danielle 仍然過著忙碌的生活，不過她的行程已在掌握當中，她能享受忙碌的工作及適量的公益事務，而不讓沒有必要的壓力纏身。

爲何剪除壓力源是重要的

有關如何維持無壓力狀態，不為環境因素所纏累的論述已如汗牛充棟。我們在意的是，大量壓力產生之關鍵在於我們的知覺、我們所做的選擇，以及採行抉擇後之因應等事實（我們在**金鑰 4** 已探討過這些內容）。然而，這些元素不過是方程式的一部分而已。當內在的轉變具有影響力時，其對壓力紓解的影響是深遠的。不論在任何時間，盡可能消除壓力源都很重要，這是有效且不可少的壓力管理因應策略之一。

當我們想到要消除引發我們壓力反應的繁瑣事務時，我們經常專注於比較棘手的問題上。例如：引發我們一再挫折的工作、令我們感覺被綑綁住的婚姻，或在夜晚仍因棘手的財務困難而讓我們輾轉反側等。這些煩人的事務當然是很重要且需要解決，但這些項目常常都不是容易回答或能快速解決的；在一般狀況下，我們需要耗盡心力去因應這樣的挑戰，一再地修正解決問題的方法，甚至一步一步或一個階段接著一個階段地去嘗試改變。辭掉一個工作很可能在五分鐘內寄出一封 e-mail 就可以達成，或一段婚姻可能在「我不再愛你了」幾句話中就結束，但從這些抉擇引發的副作用，卻意味著壓力紓解並不會在短時間內就達成（所謂的副作用，如同尋找一個適合的新工作的困難度，或離婚歷程的艱難、情感的療傷止痛等後遺症）。

別為小事煩憂

　　另一種紓解壓力的方式是剪除小的壓力源，這種方法常被視為能在短時間內就有減少壓力反應的明顯效果。這些小的壓力源如同慢性壓力的感覺一樣，是逐漸、逐步形成的。這些小的壓力源為我們所能忍受，但也經常讓我們平靜的心靈付出波濤洶湧的代價，例如：躲不了的煩人朋友、淹沒重要文件的凌亂桌面、每週令我們焦躁不安的任務。

　　生活教練（life coach）們宣稱這些事務正如其名，是我們所要忍受的，而且也一直都在忍受。在生活中，雖然我們甚至覺得不太需要去留意，但還是會感受到。訓練課程中通常是把焦點放在如何去認定並消除所忍受的壓力事件，直接面對並解決問題。在我們的生活中充滿這些可以忍受的事務，但經歷這些小壓力源，仍是要付出代價的。

忍受所付出的代價

　　忍受一些事務的本身，不會讓你感覺它大到要吞沒你，但是它們卻會把我們推逼至壓力邊緣，讓我們的感覺從平靜到被激怒，或從感覺壓力到快要心力交瘁的反應。就如前面幾章所描述的，壓力事件本身有滾雪球的效應。

　　紓緩這些較小的壓力源，有時感覺並不值得，尤其當想到還有更多、更大的壓力源等著我們去處理。這就是為什麼大多數的人們會容許這些小的壓力源繼續停留在我們身上，成為我們生活中相伴隨的一部分。不過，這些壓力源並非如我們想像的沒有傷害性，或如我們所認定的可以被遺忘，甚或耗費一點心力即可處理完畢。當這些小的壓力源持續增加時，它就會要我們付出一些代價。生活中，有一些因素會干擾我們的生活作息，由於這些小的壓力源持續耗損我們的能量，以至於破壞我們的正常生活作息。

我們的能量是有限的

一天當中我們擁有一樣有限的時間，在這些時間內能使用的能量也有限。當我們容許自己把焦點放在不重要的事務——特別是當我們經歷到的事情是屬於生理性或情感性的耗損時——我們正做出了選擇。我們可能不全然了解，若是不恰當地使用一些時間及能量去處理似乎不重要的生活事件，我們就再也沒有更多的時間與心力去處理其他更重要的事務。（我們甚至能推論我們將費時或勉強自己去完成這兩類事務，但這可能耗盡我們平靜的心靈，或珍貴的下班時刻，而這兩者都應該被認定是重要的。）

若意外事件來臨，你需要誤差範圍

你很可能需要一段額外的時間與心力，來處理生活中非預期的事件發生，例如：到牙科門診和油箱意外的沒油，以及面臨其他重要的危機事件，例如：生一場嚴重的病和交通事故等。如果你正處於須耗損大量時間與心力的工作，卻又須耗費心力處理突發的事件，雖然其中一部分事務或許不頂重要，但總是壓力源，身處兩頭燒的壓力事件，是難以兼顧的。因此預留空間，容許誤差範圍是必要的。

你需要從最小的壓力事件開始工作

由於我們都在不同的壓力情境中操作，每個人的壓力反應不盡相同。這些小的事件能夠累加在一起，形塑生活上及反應方式上很大的差異。讓這種情節式或慢性的壓力困住我們，絕不是一件有價值的事。當我們不在最好的狀態時，我們可能會做出的錯誤決定是什麼？當我們對所愛的人厲聲斥責結果造成了關係緊繃？我們是否因為感受到壓力，以至於在生活中失去更多從新挑戰帶來的樂趣？這些問題我們需要慎重的思考。雖不必異中求同，我們卻需要從細微處做起。

即便是健康的心理因應，壓力仍會讓你付出生理上的代價

前面已經討論過，如何改變我們的想法及知覺，以至於能對壓力產生新的看法及因應策略。然而這並不表示我們不該盡力消除所面對的壓力源。即使我們有最好的心理因應策略，但很明顯的是，情勢仍然會要求我們做出不一樣的反應。情勢本身經常被認為跟壓力源有關。我們確知即使情勢本身轉變了，生理上仍需付出代價。甚至於我們並未知覺到壓力，但在一般情況下都會產生負面的壓力效應，因此我們不需去冒這個風險。如果生活中讓你持續忙碌並耗損你的能量之事務，並未帶來強大的回報，這些事務須要在時限內加以刪減。

如何管理

消除壓力源

從金鑰 1 所討論的活動中，你已清楚自己的壓力源為何。若是你能將壓力源列出一張清單並加以說明，這已經是走在前頭了。本章提供一些有用的策略，部分可能與先前描述的內容雷同。本章指出從輕度到中度的壓力源，以及一些生活中較有壓力、需要特別反應的情境或事件，這些反應說明了相關的壓力來源（例如，財務計畫資源有助於解決金錢急迫性的問題；健康議題相關的書籍有助於處理嚴重醫療問題所帶來的壓力）。不過，大多數中等程度的壓力源也會讓我們感到被壓制、牽絆，且有類似被鴨子啄得滿頭包的狀況。有關的忠告勸說將在下面進一步說明。

與工作夥伴及朋友設定界限

有些工作夥伴會在你沒有興趣的話題上耗時間，偏偏他們似乎不太會解讀你的肢體語言。他們是否將較急迫性的工作推給你？或

吃掉辦公室冰箱裡你放的私人食品？或他們實在難以相處？在工作中設定界限是絕對有必要的。在設定界限的時候，你很清楚知道什麼是你樂意做的，什麼是你不願做的（我們將在**金鑰 6** 做細節的討論）。與其依賴肢體語言表達你不願參與得罪人的對話，那麼，何不禮貌性地坦誠表達你不參與背後聊是非的原因？讓你的工作夥伴知道他們在什麼時候跨越了這個界限。同時為了避免陷入錯誤，你可以很有禮貌地邀請對方也表明他的界限。盡可能避免去跨越別人的界限，藉以消除壓力可能產生的後果。對大多數人而言，這很可能不是問題，但對我們而言，這些情境可能都是造成壓力的原因，給自己說不的許可，能夠讓自己安心與自在。

在午餐中融入壓力管理

如果你在工作中感受到壓力，何不透過一般的壓力管理方式，在中午時段給自我達成增能的效果呢？例如快速地走動、沉思默想、喝一杯茶，或者想想在生活中值得感恩的事情。如果煩躁不安、昏昏欲睡，並讓這些具較低壓力源的事物在工作中困擾著你，何不轉換一下，給自己簡單易行提振心情的方法，以因應這些壓力。

維持一個有秩序的工作環境

生活教練最常聽到諸多有關忍受的一件事，就是辦公桌凌亂的狀況。不管你是否在小間的辦公室、家庭辦公室，或小角落中工作，一個凌亂不堪的辦公桌能使你的工作益發感到困難而且無效率，由此耗費你的時間和心力。花一兩個小時去營造一個工作系統，透過這系統使你的工作更順暢，讓你充滿活力，更省力氣地完成工作任務。經由稍微美化，或在辦公室的其他地方做些規劃，也能收到相同的效果。因為凌亂不堪的工作場所，仍會成為一種被輕

忽的壓力源。

學習時間管理

　　建立一個有用的工作系統。在電腦程式中寫下待辦事項，或存放在手機中提醒自己，或使用古老傳統的方法簡單記錄在一張紙上，這些都是可行的方法。有一張正在進行的工作清單，與在月曆上記載一些工作事項是一樣有效的。如果你從未做過，這些都是很重要的開始。它同時也是讓計畫超前的好主意，讓自己有更多的時間去完成必須做的重要工作，例如：預留給自己更寬裕的時間離開家門，而不至於塞車遲到；妥善運用時間，讓自己不要急急忙忙，就無需理會因時間造成的壓力。對大多數的我們而言，這是一件說比做更容易的事，但是對不習慣妥善運用時間的人來說，這是應該學習的一種生活技能。當你發現時鐘已經不再造成你的壓力時，它就已經達到壓力紓解的最好效果了。

問問你自己需要什麼

　　在工作中及所有的關係裡，問問自己需要什麼是最重要的，因它能清楚顯示自己真正需要的是什麼。如果你發現越來越懊惱於過去某人不能滿足你的需要時，回過頭想一想，你用何種方式表明你的需要。你曾經問過嗎？你清楚嗎？我們當中的某些人習慣將自己的需要擺在最後才考慮，我們只想到不要勞煩別人，以減少因麻煩他人而造成太多壓力的後果；其他人常常想要提供幫助，如果我們沒有明說，他們怎麼會知道呢？因此，不管你是需要一個安靜的空間工作，或是需要擁有更多良好的關係，就讓我們真誠地表明自己的需要，並讓這些需要被滿足。這是最安全可靠的一種方式。讓它發生效用吧！

需要一個簡單的作業系統

在生活的真實情境中，簡單的作業系統能幫助我們預先做好規劃，而這些計畫不需要太繁瑣。事實上，找出從 A 到 B 最簡單的路線能幫助我們消除許多壓力。例如，當你急著前往某處，你傾向以邏輯性的路線到達目的地，對吧？這樣的原則能擴大應用在生活中的各種場合，從飲食計畫（當晚的烤雞能變成隔天晚上的雞湯）到拜訪朋友（為節省時間，可以規劃聯歡會來取代逐一拜訪的行程），計劃一個壓力管理的方案（運動不但能達到體適能的目標，而且能達到壓力管理的目標！），以確保節省時間及心力。雖然不是所有的簡化方法都能達成目標，這種思考方式能產生新的想法，經常能消除不必要的壓力。

要提早行動

要是在你的工作環境中有些事務造成了壓力，很可能你已經習慣地忽略一段時日，並一天過一天地與它共存。你可能發現自己優先處理那些較嚴重且吸引你注意的事務。你要考慮每週花點時間去處理一件或兩件事，在這些事引起你的注意，你再也不能忽略它們的存在之前。就長時間來看，你能夠節省心力，並能從容以對，不需再急急忙忙趕完事情，也不需再讓自己處於毫無選擇的餘地，被緊迫的時間壓縮才面對這些小小危機。

可嘗試的活動　當你要說「不」時，不要說「是的」

　　我們在辦公室和生活中的某些場合，對別人的請求說「不」是困難的。我們樂意成為助人者，我們可能會擔心讓別人失望。正因如此，才讓我們成為充滿壓力的人。我們對事務顯然有過多的承諾，長久以往，這都會引發個人的壓力。也因為這樣，我們或許越來越減少熱情，在工作中越來越缺乏活力。熟練地說「不」在壓力管理上是一項很重要的技術，下面幾個要點會幫助你去學習說「不」：

- 說「不」的第一個步驟，如同在其他方面設定界限一樣，我們要清楚做什麼是好的，以及對什麼特別義務要說「不」。（假如你不確定的話，努力去設想自己身處在一個最高壓力的情況下，問問自己返回到如此高壓力的狀態是否值得？）

- 如果你真正想要表達「不」，就去做吧。你無需認為欠別人一個充分的理由去解釋──雖然在某些情況下，給一個理由會是個好主意（一個好理由可以紓緩局面，但如果另一個人確實有迫切需要的話，會製造出進一步討論的機會）。

- 假如你正面對不尊重你界限的人，不要講理由是必要的，而且最好是不要給予任何理由。

- 提醒自己務必從該表明「不要」，卻無奈說出「是的」的罪惡感中脫離出來。

問問自己幾個問題

- 在我生活中的哪些領域曾引發我最大的壓力？
- 假如我能夠揮動魔杖以消除三件生活中的壓力源，我的選擇是什麼？
- 有多少壓力源是我在中午的休息時間就能予以紓緩的？
- 有哪些不必要的壓力源是我每天可以處理的？

評估你的答案

　　上述的問題有助於你開始剪除生活中的壓力源。第一，留意你所面對最費力的壓力源，就能面對你該專注的所在，並跳脫出不需費神之處。想像它們能輕易地**被處理完畢**，而非把焦點放在過程中窒礙難行之處，經常足以幫助你進入心靈的架構，並發現新的可能性。對上述問題的回答，便能透過認清壓力源的過程紓緩壓力。其次，使用下列的歷程來進入下一步驟，以利從生活中消除一些壓力源。

可嘗試的活動　減少忍受的事物

1. 將你所有忍受的事務列表。認清引發你最高壓力的項目、最容易處理的壓力，以及需要長時間付出代價的壓力項目。隨即從要先處理付出最高代價的或可以最快解決的項目中，選出一項去處理它。

2. 在日曆上做註記——每一週計劃消除一個壓力源。

3. 為你自己創造一個井然有序的空間。首先，清理你雜亂的房間（你可以選擇用連續幾個傍晚去完成它，或在一個週末一次清理完成）。隨後安排你要保留的東西。最後，你可以用重新粉刷房子、一些香氛蠟燭，或者不太昂貴卻又吸引人的裝飾品來慰勞自己。

4. 立即在生活中選擇一項你準備要放棄的義務性工作。

5. 計畫一個愉悅的活動並著手進行。

6. 如果你發現自己在刪除一項義務性工作後，仍沒有空閒去進行有趣的事務——你還有太多義務性工作要完成——把它當成一個信號，你需要盡可能地刪掉至少超過一項的義務性工作，繼續下去直到你創造出一個可利用的空間，這個空間可以容許你放鬆並享受生活。

金鑰 *6*

重建健康的關係

分享的喜悅是加倍的喜悅;分擔的難過是減半的難過。

——瑞典諺語

　　從出生被慈母溫柔的愛撫，到我們嚥下最後一口氣前，環繞生命中所給予我們溫暖的手，能影響我們的生活方式，並產生美好與舒適的感覺。這種支持的關係已經被證實，不僅能促進壓力的緩解，還能強健身心，延年益壽。本章將聚焦於健康關係的益處、關係衝突付出的代價，以及培養健康社交生活的方式。藉此幫助你增進有意義的關係，並讓令你失望的諸多往事隨風飄散。

我們認識的人

　　多數人都經驗過，在生活中至少有一個人會令我們覺得洩氣、無能。雖然我們對於什麼是令人討厭的都有個人的想法，愛挑剔的、不友善的、好批評的，以及愛抱怨的人通常是符合大多數人對**有害**的定義。他們通常是最先批評你的想法，最後才勉強略微讚許你的人。他們會用確信的語氣，或看著他們的眼睛時，讓你瞬間就可得知自己在對方眼中是未達標準的。你的周遭有哪些人會這樣你是心知肚明的：你期待看到他們嗎？請問你的哪一部分害怕與他們相遇？你已習慣他們以致不太有感覺，但是你知道他們會對你有什麼反應，並令你覺得不舒服？這些人會日漸耗盡你的能量，也會帶著微妙的、某種程度的壓力侵入你的生活。

　　相反的，我們也知道至少有一個人，他會照亮我們的生活（如果我們夠幸運的話）。這樣的人是為你存在的，當你需要鼓舞士氣的談話，想要與人擊掌同慶，以及常在你周圍願意隨時伸手相助，在他們面前你能完全坦露自己，而不必虛偽做作。若你面臨危機，他或她是你確定能依靠的人，也是你願意隨時為他們伸出援手的人。這些人對我們的健康和幸福是有幫助的，他們也或許是最好的壓力紓解者。

爲何看重關係

我們可能會發現自己被情勢所逼，即將到完成工作或學校事務的期限，卻需將尚餘的寶貴時間和心力，用在關係的處理上。在我們生活中應列為高度優先次序的項目，是帶來益處的健康關係。Michael Frisch 是「幸福和情感福祉」的研究者，在他的研究成果中指出，健康的關係有如「幸福的聖杯」，當中蘊含多種富有意義的理由。健康的人際關係能在我們生活中添加許多支持、享受、意義及諸多優點，如下所述：

健康的人際關係連結更好的健康

許多研究都提供明確的證據，指出健康關係對我們的益處，包括感情及身體等方面。當人們處於幸福的關係裡，更能體驗其優勢的主導力量，其中包括：增強有機體免疫功能、降低情緒反應、降低因情緒影響健康問題的發生率，並能延年益壽。擁有豐富的社交生活者，往往少有壓力、更健康、較長壽，也更能享受生活。

人際關係最重要的是，必須是**健康**的或至少是合理的。若人際關係具破壞性的情緒，或帶來較多的負面情緒，會比其他大多數類型的壓力，更不利於我們的身心健康。因此，積極主動地管理我們的社交生活，並保持關係的平衡是非常重要的。人際關係正負面的影響有鮮明的對比：健康的關係提供健康的增進、壽命的延長、高品質的幸福感和福祉，並降低壓力的強度；反之，負面而有害的人際關係，將帶來影響深遠的壓力源，也對健康產生較多負面的影響。

破壞性人際關係是最大的壓力源

某些壓力源會比其他壓力源帶來更深遠的影響。這些壓力源包含「對

安全威脅的知覺」，如：聽見他人企圖闖入你屋子的聲音，會觸發你的壓力反應，而產生比整日工作所積累的煩躁情緒，更為強烈的反應。「關係困難對人們的打擊」往往超過其他困難問題對我們的影響。因為在許多方面，真的需要他人在我們的自身安全上幫助我們。我們也許能在生理上獨自生存一段時日，並與他人的連結相對較少。但要記住，我們的壓力反應是為某一遙遠未知的時刻設計的。當我們籠罩在威脅情境中，再加上被團體排除在外，這顯示你缺乏做好周全的準備，難以安全有效的保護自己。面對這些類型的威脅，身體一般的反應會是強烈的害怕與恐懼。事實上，我們需要通過與他人的連結來維持生存和發展。正如同我們對小嬰孩會給予充分擁抱和照顧，使他們能從生活中的挫折與不順心中，逐漸茁壯成長。當支持關係減少時，身為成年人的我們，對身體健康的有利因素就同時減少。而當關係撕裂了我們的自尊，我們絕對會感受到負面結果的影響，並能深刻體驗到其中有害身心的元素。這種負面關係往往更頻繁的引發壓力反應，並會持續帶來影響身體和心靈的不利後果。

人際關係發展技術

　　若想從生活中剔除不理想的朋友及所愛的人（並非排除所有的人），十分中肯的忠告就是，聚焦在現有關係的改善，這是最有利且最健康的解決方法。我們雖然不能改變其他人，但卻能轉換自己的言行，如此，在互動關係中就會有相當不同的轉變。改變自己是家族治療師所表達的「家庭舞蹈」──被期待的角色與表現──預留彼此互動的空間，並以新的方式與他人相處。若你選擇了寧願從關係中退縮，或支配他人，或加入不健康的自我防衛行為，這些方式至終還是會帶來更多的壓力。但若聚焦在發展人際關係的有效技術，即使是小小的改變，也能幫助你翻轉現有不合宜的

關係。

　　下列簡易的關係改變方式，能重新塑造積極正面的人際關係。不論你是否陷入耗盡心力及充滿壓力的人際關係中，而猶豫能否有所改變，或者是身處良好關係中，它都能讓你從中獲益。這些技術均能幫助你創造彼此互蒙其利的動力性關係，且能帶來更多支持，彼此間也能產生更多的尊重與附加價值。

設定界限

　　當我們聽到「設定界限」時，常會想到某些將人隔開在一定距離之外的方法。若我們的權利被侵犯，寧願設定界限以阻擋入侵者，如此能使彼此有適度的自由空間而不致逾越。在設定個人界限時，我們決定了他人可以親近的距離——我們想要分享內容的多少、願意給予分享的深淺，以及願意從中獲得回應的質與量——並以尊重的態度向對方表明自己的期待與意願。如此劃定界限規範，就能讓彼此經常處在可接受的空間及尊重的關係中。

　　界限的設定不全然是拒人於千里之外，相反的，界限也能醞釀更多親密感。當設定界限時，事實上是容許對方比他人更親近我們，因為彼此都知道有一條界線在中間，使得對方能與我們親近卻不越界。缺乏健康的界限時，人們經常會讓對方越界後再推開，或全然拒絕。這是另一種阻斷的關係（反諷的是，由於一開始並無親密感存在，因此阻斷的關係也不算是健康的界限；界限的意義在於讓對方知道可親近你的範圍）。

　　健康的界限如何建構完成？每個人對界限設定的舒適感、接受程度均不相同。因此設定界限時，須將關係中所有的人都納入考量。有的人對界限設定後彼此的接觸覺得舒適坦然，這是健康的；若設定界限後，卻因過於寬鬆或嚴厲，持續造成對方的壓力，就表示界限設定的模式有問題

（如：過多的接觸或設定過遠的距離）。但是，有人喜歡親密的界限，只要與他人的互動關係是健康的，就可被認為是「健康的界限」；同樣的，有些人喜歡維持較疏遠的距離，只要能使彼此的關係堅固不中斷、又能坦然舒適，這樣的界限也是健康的。

可嘗試的活動　如何設定界限

設定界限的過程可以幫助你加強你的人際關係並舒緩當中的壓力。下面是一些可以幫助你完成此一過程的要點：

了解你的界限所在

有幾種不同的方式能設定你與人之間的界限。一般而言，我們與別人設定界限的第一步都是相同的，意即你要很清楚地了解自己的界限所在。如果你不清楚自身的界限在哪裡，不管你用什麼方法或技術，你都不能有效地傳達給他人。這本身便具有挑戰性，因為你會不清楚要把界限劃定在哪一位置（而其他人可能會感覺得到，這也許能說明為什麼別人在第一時間就踩踏你的界限）。檢視你的感受，確定自己允許的範圍，並決定你的邊界所在。

清晰並堅定地溝通

現在，你已經知道該說些什麼，這將使**如何表達**，變得更容易些。也就是說，當你要讓人們真正了解你的需求時，坦率且明確地表達是多麼的重要。要滿懷信心地表明你需要什麼，並耐心期待。你的陳述不應該聽起來像一個指控、問題，或隱含不清楚的神秘色彩。每個人都有權利為自己的界限命名，這可以幫助別人知道其中真正的意涵，通過溝通與明白陳述，你們便可以成為相知相惜的友伴。

支持你自己

如果你的界限得不到尊重，理應採取行動。這不需要生氣或懲罰性的行動；只需讓自己說出一種狀況，表明你所能忍受的範圍，以及表明你不樂意去做的項目。例如，如果你計劃與朋友共進午餐，你已經商定時間，那就是建立了一個界限，在特定的時間內你必定會在那裡。如果你的朋友不曾出現，也未打電話通知，在經過一段表示尊重的等待時間後，你可以打電話說明你不會無限期地等候；如果朋友仍無法到達，你甚至可以在一定的時間後離開。你可以重新安排，並清楚表明在下一次能接受的等待時間範圍。這將使你從無限期的等待中釋放，而不必採取更激進的措施，如：切斷關係或再也不願意與這位朋友見面等。

如何管理

學習溝通技術

良好的溝通包含有效傾聽以及說話的方法，這很容易讓對方清楚地了解你的思考和感覺。有效的溝通涉及到雙方，但你能透過溝通技術的學習，減輕他人的負擔。如果他或她想聽並有意願了解你，有了這些技術，你便能將事情變得容易些，因而也可避免無意中促成可能既存的衝突。以下是一些溝通的策略，當你瀏覽討論內容時，要記住，它有可能變成潛在的衝突，請慎重選擇並使用。

使用「我」信息

當兩人都心煩意亂或筋疲力盡時，發出的聲音容易變得聽起來像是對某人的指控——「你真的惹火我了！」「你真是無法體諒別人！」在此情況中，往往習慣性地脫口而出「你、你、你！」開始

的陳述方式。解決問題的方法是用「我」做開始，而不是使用「你」這個字眼，雖然只是簡單的轉變，但可軟化語句，並挪去尖銳對立的關係。更神奇的是，隨後接著使用**感覺**的語句，即可幫助你表達自己真實的意圖，而不責怪他人對你的不是。這有助於從指責中進入溝通，可以自動帶走對他人的防衛心理，並進入你的個人經驗之解釋，進而有助於相互的理解。下面的敘述結構可以使事情更加清晰，同時從相互的爭論或激辯中進入順暢的溝通：當你 [觀察到的行為]，我覺得 [任何你所感覺到的情緒]。以這樣的對話作為結論，使對方明確地知道到底是什麼事困擾著你，以及準確地了解你的感受。這可以幫助你避免其他的溝通缺失，例如：解釋自己的動機及使用負面的標籤，讓你只需專注於行為和感受，這將促使更加中性的討論自然發生。

先傾聽，慢開口

　　你必須先傾聽別人，這可能會令你感到不平，但在典型爭辯的個案中經常出現的現象是，雙方都急著要表達並被聽見。雙方都可能只在心理上渴想著要說什麼，而不是真正想傾聽彼此的心聲。你可能都只是在等待一個說話的機會，而忘了傾聽的重要性。通過優先傾聽，並要求澄清，直到你確信已經明白對方的心意。這表明你對對方的尊重，而他人對你也會同時展現禮遇的回應。更重要的是，你正在收集對方重要的信息，有助於自己進一步的表達。（當雙方相互理解時，衝突便能更容易解決！）通過先理解別人，然後自己被理解，此時，你就在增加雙方都能被聽到且被理解的可能性。

如有必要，降溫

　　你可能還記得金鑰 2 的內容，當身體的壓力反應被激發後，

我們變得更難冷靜思考、理智並清明。這樣的狀況讓我們難以在健康的方式下進行溝通。如果你有點不開心，把話說出來，並達到相互理解的目的，這可能會幫助你們雙方感覺舒服些。然而，在某些情況下，如果你或你們倆被「激發」壓力反應而想達成不可能的相互理解之目的，這將適得其反，而轉變成試圖解決衝突的反作用效果。在這一點上，休息和降溫方是有益的。與其猛烈衝撞、激烈衝突，不如盡量冷靜地表明，這是本章討論的一個重要議題。唯有當雙方都能冷靜面對問題時，其帶來的改變成果才會是你樂意看到的。隨後，在確定的時間裡，你們將再碰面，再深入分享並做決定。在此期間，請盡量運用壓力消除技術，如此可以提升層次，對更重要的部分做進一步的討論。

放下需要「贏」的念頭

有些人自豪自己從來沒有在爭辯中失手。如果這是你的目的，現在是重新評估的時候。請記住，與其思考輸或贏的溝通，真正的目的是在相互的理解。探討新的解決方案，才可能達成妥協。但是，如果你志在贏得辯論，反而會失去關係。

尊重

也許要記住的最重要一點是，對其他人應該給予尊重。這意味著避免挖苦、嘲諷的評論、人身攻擊、設置路障（拒絕回應），或其他操縱手段，這些都是為了提高個人權力，或讓對方感到不舒服。請記住，你想關心這個人，你真心希望兩人都能快樂，並盡可能嘗試達成相互的理解。如果你心裡有這種意念，其他許多細節都只會變為旁枝末節而已。

可嘗試的活動　　培養同理心

有時，當你面對衝突，讓憤怒消退並嘗試理解對方的轉捩點，便是同理心。當你能更容易地掌握他人的感覺，便更容易理解這個人的行為，並且憤怒及生氣也更容易消除。培養同理心比想像中更容易些。同理心簡化了寬恕的路徑，並增強利他主義。由於寬恕及利他，與增強個人的保健及減少壓力有關，所以，深化你的同理心能力，必定會帶來意想不到的好處。

你的同理心能力部分是與生俱來的，部分是經過人生不同階段的經歷和習慣性思維模式而塑造的。不過，你仍可以依照下列方式，經由自身努力，提升如此重要的技術能力：

- 積極尋求理解他人的感受及原因，而不是簡單地了解他們說什麼。之後，努力提升更準確理解他人心意的能力。
- 想一想，在你感受到其他人現在有何感受時，要清楚記住是怎麼回事，並且回想他人是如何運用你喜歡的方式來回應你。
- 回想這個人對你做出什麼令你喜歡的回應，如果他或她沒有出現，你會有什麼損失。
- 練習慈愛冥想（金鑰 8 的內容）。這能加深對他人同情和仁慈的能力。

> 如何管理

結束有害的人際關係

有句名言是我最喜歡的之一，由匿名作者所寫：「在某些時候，你必須理解，有些人可以停留在你心裡，但不是停留在你的生活中。」（當我在網路上分享時，此一名言也深受許多讀者的共鳴，並且獲得相當多的正面回應。）我相信，此句話直指核心；因為它提醒我們界限的問題，要放手讓有害的關係結束，即便是仍舊維持的不穩定之愛情關係。雖然我們可以繼續去愛並尊重他們，但並不適合我們繼續付出心力，在我們的生命中保住這樣的關係。簡言之，某些關係雖然做了最大的努力改進，但仍無法長久維持，尤其是當只有一方投入努力時更明顯（即使雙方都做出努力，但有時我們只是想要不一樣的東西，而這些可能與另一個人所追求的，是相互衝突且不一致的）。

何時放手

在過去，你如何分辨一個關係是值得維持，或是何時該割捨呢？這本是沒有固定不變的規則。然而，如果你發現在彼此的特定關係中，負面比正面感受更多，並且你也看不到明確或可行的解決方案時，你可能要考慮放手。顯然，如果一個關係是有虐待性的，最好當機立斷，即刻放手，降低有害牽絆，讓自己能繼續上路。但是，有些關係使我們感到不舒服更多於愉悅，而失去它又會產生許多壓力反應或念頭時，這該怎麼辦呢？下列關係的類型可能是有害的，但是要決定持續或終止，會是兩難困境的選項：

- 經常做出貶低意見的親友；但他們不常在身邊，只在某些節日才會聚首。

- 八卦的朋友；他們以貶損他人的自尊出了名，但他們也是有趣的一群。

- 男朋友或女朋友是反覆無常的或具批判性的；但他們也是支持自己並能做出承諾的。

這些人的關係經常為自己帶來較多的負面結果，但會因各種理由而不易做出抉擇。在你的生活中切割與家庭成員的關係，會引發出其他更多潛在關係問題。疏遠這些不值得來往的親友，也常造成紛擾不安。在這過程中，你可能錯失某些沒有明顯害處，甚至能帶給你積極人生經驗的朋友。有一些關愛你並提供支持的人，他們似乎是值得你投資的，特別是如果你以往一直欠缺戀愛關係的積極經驗。在我們決定要單方面的斷絕關係之前，我們仍需考量大局，並且參考別人提供的積極和消極面意見，找出平衡點。

一個很好的保護防線是設定界限。良性溝通也能為已經委靡不振的關係注入新的生命。如果你已採取其他的措施，且這個特殊的關係往往讓你感覺較多的不舒服，你需要審視切割關係所付出的成本。若後果似乎是正面且值得的，這可能是需要放手或疏離的緣由之一。特別是當你發現，對方的確是抗拒改變和僵化不變的，甚至於在他或她已了解其行為已經傷害到你之後，仍無改變的跡象。如此的關係值得你重新審視。與自戀和反社會特質者的關係，往往會造成自我慘痛的經驗而毫無價值感。通常有效管理這些關係的最好方法，就是放手讓它去吧！

如何放手

優雅的放手的確很困難。若你已認定與對方斷絕關係是個好主意，但卻是百感交集時，將會是難上加難。如果能與打交道的人有

場相互尊重的對話，以說明關係無法進展的原因，這絕對是明智之舉。如果關係是單純友誼而非關浪漫，這方法更可行及實用。單單以「太忙」的理由說明無法如同過去那樣頻繁聚會，即可讓關係逐漸消退。以另一種選項來處理更密切的關係是有效的，就是解釋關係已無法持續的原因（並非出於懲罰性），讓對方知道在未來恢復這段關係之前，有什麼樣的改變是需要的。放手的想法向來是少有輕鬆又幽默的，讓有害的關係結束就是在紓解壓力。與一位新的敵人創造一個更有害的情境，則是多一事不如少一事。

如何管理

關注健康、支持的關係

情緒保健應有的新焦點，是將你的時間和注意力放在現有的健康關係，同時創造新的及良好的新關係。無論你正從有害的關係中進行情緒的修復，或只因為它是不錯的主意，而重新把你的注意力放在那些讓你內在感覺良好的人身上，並盡你所能返回到那些美好的感覺，這才是值得你花費時間和心力的事。當你要營造健康的社交圈時，下列的事情要銘記在心。

認識新朋友

不要因害羞而對你的社交圈敬而遠之。或許你遇到的下一位，會是生命中的重要關係人。千萬不可忽視新的機緣。你可能會尋找到情投意合的新朋友。

要公平

從你與對方互動的關係中所獲得的益處，一定要奉還。可能你

無法以同等的質與量回報對方,但能確定的是在彼此給予與獲得之間,若是不成比例,或滋生怨尤的回饋,將會削弱彼此關係中的正面能量。

保持積極

在人與我的關係中發展正反之間的平衡點,或選擇雙方門當戶對的關係,不是一件容易的事。實際上,正面和負面的互動在等量下,並不利於兩人關係的發展,因為我們會被期待關係在整體上是積極的、支持的、有益的,因此我們需要以更多積極性的態度介入。

人際關係的學者專家們紛紛提出的研究建議,指出積極與消極互動經驗的比率。其中,最普遍被引用且是最高比率的,是來自關係研究者John Gottman。他從夫婦間的互動作用之研究發現,互動作用可以預測(超過90%的準確率)哪些夫妻將會繼續維持婚姻關係,哪些會在不久的將來走上離婚之途。他的研究係建立在觀察溝通風格的幾個主要變項的基礎上。

這位傑出的研究學者,已經發現許多關於健康或不健康關係的形成因素。他所發現的其中之一是,一個關係中每一個負面的互動經驗,須配合多於五次的良性互動,才能使雙方再度感受到心情愉悅。這就說明每次要求你的伴侶停止做那些讓你不喜歡的事時,需要同時指出你讚賞對方的至少五件好事。相對於每一次爭吵,你至少要提及五次你享受(不只是容忍)對方陪伴的好處;因為每次你讓對方感到不愉快,你便需要至少五次的表明在哪些地方讓雙方感覺妙不可言,藉以維持彼此正向的平衡(雖然這個研究是針對夫婦進行的,但這規則也適用於友伴關係上)。對某些關係而言,這是易如反掌折枝;但對其他人而言,卻是難如緣木求魚。

面對出現的問題

　　知道良性互動（和消極的破壞性影響）的重要性，可能會促使你將問題深藏入意識層面的隱密角落，並且當事情正困擾你時，會避免與對方攤牌面質。或許，矛盾的是，這也不是個好主意。當我們試圖藉由避免爭論以逃避衝突時，我們面對的實際風險是，由於未能解決導致衝突的潛藏根本問題，讓關係中的衝突持續惡化。請牢記本章前面討論過的溝通策略，而下列將陳述引領關係的幾個技術。

不要強加議題

　　我們當然都希望心聲被對方聆聽與理解。對一個健康關係而言，相互理解是至關重要的，也是我們自然渴望得到的互動關係。但是，若發現自己努力想得到的關係，是要迎合他人的需求且須付出很高的代價，這會削弱你們的關係。這個觀點似乎很清楚，但是有時候，我們會因沒有充分意識到而重蹈覆轍。我們會想當然耳的告訴自己，做這些是為對方好，如果對方了解這情況的話，他或她想要的就會與我們一致；如果對方最終同意我們的作為，他或她明顯就不會有太強烈的反對並造成壓力。但有時以我們主觀意識強加的作為，非但沒有正面結果，反而給對方或自己帶來不必要的麻煩與壓力。

　　強加你的議題所帶來的問題是，如果你太頻繁地出主意或提意見，而讓對方要耗費太多心力來迎合，這種關係的發展最終是不利的。在你的關係中，曾有過建議你站在對方的立場、多聽聽他人的意見回饋經驗嗎？你似乎需要控制更多的想法與意圖，好使自己的思考更周延、更成熟，這與不常表達意見是同樣的不利。如果你偶

爾才聽到這些意見一兩次，或只從一個人那裡聽到，它可能僅僅是一個偶然。但如果經常聽到，那就值得你進一步去探索（當你在完全誠實的獨處時刻，聽聽內在的直覺告訴你什麼）。努力瞄準雙贏面，盡量達成雙方能接受的妥協。如果是不可能達成，就須衡量是否能讓每個人都有機會輪流參與，並得到美好的成果，而不侷限於某些人。這才能讓事情呈現公平狀態，並且讓每個人都有被尊重的感覺。

避免關係的殺手——輕視對方

John Gottman 在他的關係研究中最重要的發現之一（就是前述那位研究從配偶爭吵的模式，便能預測哪些組合會持續或分離的心理學家）指出，輕視是即將到來的厄運之強烈訊號。輕視對方是顯而易見的，當一方或雙方明白顯現出藐視他人時，它不單是不同意對方的想法，也不接受對方作為一個人的權利。它不僅是言詞爭辯而已，會更深入到削弱對方成為人的核心價值。如果發現自己對不同意你意見的人，會不自覺地待之以輕蔑，毫無疑義的，必須要立即停止。

籌劃女孩之夜、遊戲之夜、約會之夜

生活中提升社會支持的最佳途徑之一是，努力維持你已經擁有的與朋友和家人的關係。我們可能會認為只需藉由社交媒體跟他們保持聯絡，但面對面的接觸以創造新的記憶也很重要。和他人聚會是我們應該要定期去做的事。年輕時，我們比較容易做到這點，因為生活中要擔負的責任較少，但它是健康的理念，需要在我們一生的年歲中繼續實踐。事實上，在往後的時間內，我們學會負起更大的責任，以及承擔更大的壓力，在關係中增加支持的成分，絕對是

我們所需要的。籌劃每月或每週一個晚上的活動,與朋友共處,能創造放鬆、連結的相互關係,也是釋放一週壓力源的理想場所。與你的重要關係人定期參加約會之夜,可以為你們的關係添加另一層次的助力,並且能避免因缺乏共同度過逸趣橫生的時光,而可能導致薄弱的關係連結的壓力。維持這種規律性的習慣,能因類似聚會定期舉辦的基礎,而改變過去你不習慣擬訂計畫,或安排繁忙行程的習性。這都可能比你想像的來得容易。下面有些簡單的方法,可幫助你去執行:

- 長期邀約朋友相聚遊玩和暢飲,或任何你覺得是有樂趣的活動。如果你邀別人帶來食物、飲料、遊戲,或任何可以共享的事物,你就只需要讓房子保持整潔乾淨。

- 在大家聚集一起的每週或每月的一個晚上,讓每個人按他的能力來輪流規劃。規劃的工作要平均分配給他人,並且每個人都有他或她的第一選擇的活動,且至少每隔幾次就有一次。讓每個人都享有被公平對待的權利。

- 定期安排保母,允許自己像一對情侶般,自發性地規劃夜晚活動。

加入團體

維持我們目前的關係非常重要,而結交新朋友的行為也是如此。加入一個既定團體有明顯的好處,你可以遇到很多可以分享興趣或信仰的人。例如,研究顯示,那些參與宗教社群的人,多能享受到較優質的健康和長壽,並且至少有一些好處,是從該團體中的持續參與累加而成:他們能獲得社會支持、活動的參與,以及歸屬感;讓你認識可能的新朋友或戀人,並提供社交機會讓你能參與及

享受。外加的好處是：你可能會參與規劃，但這是加入已有既定計畫的活動事件，而非由你承擔規劃的責任。藉由這些，得以接觸新認識的人，並且維持生活中既存的健康關係，創造一個真正支持性的社交圈子，卻僅有較少的壓力，並且樂在其中。

問問自己幾個問題

- 在我的生命中，哪些關係帶給我最舒適的感受？或最有壓力？
- 在我的社交生活中，我可以做出哪些改變，以減少壓力？
- 在溝通中，我最好的習慣是什麼？我最糟的部分又是什麼？
- 在我的互動關係中，施與受是等量的嗎？
- 哪一類的人引發我最大壓力，他或她的哪些因素會引發我的壓力？
- 哪一類的人帶給我最大的幸福感，他或她的哪些因素令我讚賞？
- 如果我能改變社交生活中的三件事，會是哪些事？
- 在我的人際關係中，一般而言我覺得幸福嗎？

評估你的答案

在你閱讀完有關關係的技術和動力狀態後，來自於上述問題的答案，可能會產生新的意義。留意積極和消極習慣對關係的影響，將有助於你確認決定改變的新途徑。認清楚哪些是引發你最大壓力，及帶給你最大安慰的人，這些能幫助你做決定，若你覺得需要改變，就把注意力聚焦在那些部分。仔細省視人際關係中覺得幸福感的程度。如果你發現有不理想部分，現在你就

有更多的方法進行改變，這將提升你圓融的人際關係，以及生活的滿意度，並減輕壓力。至少決定一件你樂於改變的事，並觀察改變可能在何處或何時發生。

金鑰 7

正向心理學行動化

一個喜悅除去百個憂傷。

——中國諺語

在生活中同時感受到壓力及快樂的兩種情緒，是很困難的。要將壓力減到最低的策略，須將生活中的幸福感與意義感予以最大化。當今正向心理學理論的範疇，已超越了單一的積極思考面向，現今的研究結果支持——要創造出比較能享受的生活方式，及維持一個快樂而不受羈絆的心靈架構，如是證實了正向心理學確為有用的壓力因應策略之一。本章將說明一些主要的觀念，以及被確認為在此領域中能給人們帶來最大利益的技術。藉此，你將學會如何在一週中經歷流暢（flow）、擁有**快樂**，並參與**滿足感**活動，從而發現應該如何創造一個寬心自在並且少有壓力的生活。

尋找幸福感

Sophie 為了想讓自己快樂一些，非常賣力地完成她認為會為她帶來快樂的一些事。例如：她投入一個收入優渥的事業，並符合在專業上為自己設定的每個目標；然而，在她達成目標的幾個星期後，卻覺得自己似乎又回到了對生活不滿足的舊況中，她發現它們並沒有帶來持續性的幸福感。另外，當她買到喜愛的物品時，會快樂一陣子，但隨後快樂便一溜煙消失了，令她深感無奈又無法了解其中的緣由。她感覺到有些事正從她的生活中消失，於是她轉向網路交友去尋找愛；但是當她多次約會後返家就感到失望，無法找到她想要的事物或是相同處境的人。最後，她決心想弄清楚是什麼東西會帶來她所尋找的幸福感。某個夜晚，她突然意識到自己的日誌內容大都是記錄生活中不順心的抱怨，或者正面對的失望挫折，她因而了解需要做個改變。但她不確定自己可以做出什麼改變，以便使自己一天天感覺到更多的喜悅，且至終讓她感到持續的幸福感，於是，尋找幸福感帶給她相當大的壓力！

　　當我們談論正向心理學的研究時，她發現了一些答案。我們討論到為何特定的事物帶來的是短暫的快樂，而某些事物卻能創造更持久的快樂，以及為何這兩種生活類型的成分是有價值的。我們把討論重心集中在一種能引起整體心緒更積極心態的活動，如此 Sophie 就不一定需要仰賴自身以外的事件以獲取快樂。當她理解到這些將會帶來更多持久的快樂，以及不同類型的正向感覺，這些都能幫助她去理出自己的生活路線圖，知道選擇哪一個方向將能引導她走向所渴望的生活滿足感的類型。而在她嘗試將重心集中在正向心理學研究建議的不同事物數日後，Sophie 便覺得快樂多了，並且新的快樂程度停駐了數個星期到數月之久。

正向心理學為何重要

　　正向心理學是屬於心理學的一個派別，主要在研究如何讓我們的生活產生復原力，一如正向心理學的創始人 Martin Seligman 所揭櫫的，它是「什麼使得生命值得存活的研究」。他曾擔任 2000 年美國心理學學會的主席，他擬定出新的議題焦點，從有助於健康、復原力，以及幸福感的觀點切入，啟發對問題解決的方案。經由這樣的努力，他為幸福感與生活滿意度的重要問題，提供了現代人豐富的新答案。他創造新的典範，藉此理解從哪裡切入，可以更接近我們生命的核心。

　　這新領域的研究聚焦於什麼使我們既健康又快樂，已超越病理學和疾病因素探討之範疇。在該如何生存和我們該有什麼目標上，這是個重要的分野，提供了獨特又有價值的觀點。有別於傳統心理學的重心集中在我們如何生成壓力，或導致強大壓力經驗之因素探討，新的研究讓我們知道，在生活中該嘗試做什麼改變，以利問題紓緩或紓解。再者，正向心理學還聚焦在什麼影響因素是普遍存在於追求成就的人們心裡，進而讓我們

領悟到什麼特質和生活方式是我們所想要選擇的，以及為了要擁有更多的
成就感，哪些特定行為會幫助我們達到更健康的境界。

正向心理學只注視光明面？

　　正向心理學已發展出能擁有較樂觀感受的技術，例如：聚焦在生活
領域中，哪些是我們要感謝的；聚焦於我們的優勢，且漸次充分地運用在
我們的生命中。在這領域中尚有更多實用的措施與技術，遠超過僅在觀點
上做些改變的層次。正向心理學顯示出什麼活動和生活方式特徵，更能帶
來生活中的幸福感和意義感，如此運作，還可以清理掉許多不必要的壓
力。正向心理學的實務工作者提出可行的建議，要我們同時進行一個內在
層次與外在層次的練習活動。正向心理學提供練習某些特殊的改變，例
如，把特定的特徵如滿足感和快樂加入生活方式中，並除去妨礙幸福感元
素的舊習。如此，正向心理學能帶來較為樂觀的感受，而遠遠超過一般僅
做想法觀點改變的層次。這些技術能運作得好，既能剪除壓力，又能增加
正向能量的感受，就能使我們在面對生活中的壓力時更有復原力。

如何管理

盛行的正向心理學介入

　　正向心理學領域已經得到許多實證，成為促進我們的快樂經驗
之有效策略。這些活動能運用在任何人身上，且能有效地幫助減輕
壓力，提高生活的意義，並加深我們的正向經驗。正向心理學的練
習容易使人樂在其中，因此，在你的生活中增加一個或多個這些經
驗，既能享受練習又能產生好的效果，可謂一舉數得。

快樂

　　快樂，更準確地說，是帶給我們快樂的事物。它們可能是我們購買的物品、享用的食物，或是我們做的事。以下是一般性快樂的列表：

＊購買的物品

- 衣服
- 書籍
- 電腦遊戲
- 玩具（沒錯，成人仍能玩玩具！）
- 蒐藏品

＊所做的事

- 看電影
- 到戶外走走
- 參加宴會
- 假期
- 夜晚外出玩樂

＊享用的食物

- 喜愛的餐點
- 甜點
- 巧克力
- 飲料
- 點心

＊親身經驗

- 一次溫暖的泡浴

- 一次按摩
- 一天休假
- 一次刺激的公路旅行
- 一個音樂會或喜愛的表演

＊我們不常有的享受之事

- 一天休假
- 僱請幫傭
- 在外吃飯（而非烹飪）

可嘗試的活動　快樂的清單

　　哪些是你喜愛的快樂項目？花些時間想想你最能享受的是什麼？然後，盡可能地列出你所能想到的清單。這份清單可能包括上述想法，以及其他已經在你生活中不同時間享受過的事物。清單需包括一切你所想到的，如此當你需要一個生活的興奮劑時，就能快速地從這份清單中搜尋到。

快樂的益處

　　這些令人愉快的經驗，能在短時間內提振你的心情，並且能因此帶來其他的益處。心理學家 Barbara Frederickson 進行一個著名的身體研究，研究正向情緒的效果（能來自快樂的經驗），發現正向情緒有許多益處。她的研究重點在我們所知道的「擴展和建立理論」（broaden-and-build theory）。整體而言，她主張正向情緒對我們人類物種的生存是有益處的。這個令人振奮的理論，主張正向情緒擴展我們現有的知識性、生理性，及社會性資源，建立起保留當得的資源，運用於我們的生活中，以因應所面對的威脅。事實上，當我們身處於正向的思緒中，我們的人際關係

會更平順，更有助於我們的因應。這些已經被確認的益處包括：

- **增進認知功能。**身處正向思緒中的人，已經被發現擁有一個較大範圍的注意力間距、較大的工作記憶量、口語表達的流暢度增加，以及對訊息處理較開放。這些益處能增進工作績效、改善人際關係，並從中得益。

- **快速自焦慮情境中復原。**研究顯示，那些得到情緒提振的人（例如：觀看簡短又快樂的小狗戲耍一朵花的影片或波浪沖刷海灘等），容易更快從一段焦慮的事件中復原（尤其是他們的心跳速率，比觀看引發悲傷情緒的影片之人，更快速恢復到正常的水準）。

- **較好的身體健康。**一般傾向於比較快樂的人，也傾向於比較健康。許多研究已經證實：在快樂情緒中，對整體生活滿意度和健康評估，包括少有疾病和壽命增加，都有相關存在。甚至維持比較低的壓力反應（此舉似乎能與正向情緒相連結），與比較高水平的健康是有關的。因為正向情緒是前往快樂的直接路徑，快樂是值得的，應該內化於你的生活當中。

快樂如何有效或不再有效

　　快樂事物能快速地提振情緒。它們能快速產生效果，這與我們的感覺相關。我們都親身體驗過，不論是開心的品嘗、悅耳的樂音，或其他愉悅的感覺，都能與我們的情緒和記憶產生快速連結。

　　美食、樂音，或愉悅感覺能快速地帶來生活中的歡樂，但這樣有益的好處也可能快速褪色。通常會以二種不同的方式消退：第一種急速消退的方式是，它們能快速地推升你的心情，但通常不能創造持久的幸福感。雖然這種正向感覺能被延續，但僅止於正向感覺而已。它們必須包含於深

入又持久的幸福感之策略組合中，方能產生更大的效果。

　　第二種急速消褪的原因為，同樣方式的快樂在短時間內一再地重複，將失去它們原有的強度。例如：當你第五次搭乘雲霄飛車時，其驚悚刺激的經驗就不如第一次的驚艷；或第一次在海灘一日遊的奇妙感受，也不同於之前已去過海灘的體驗可比擬；而無論巧克力多美味，第三口巧克力的滋味，也不如第一口的美妙可口。如此看來，你不能一再用相同少量的快樂，卻期待每一次有同樣的美好結果。因此你也應該留意，不要在短時間內將相同快樂事件「用藥過量」。你不需要為了從經驗中獲得較高劑量的快樂，就一次吃完整條的巧克力棒，或延長一個星期都停留在海灘。

如何管理

延長快樂的效力

　　有一些方法可以獲得最大量的快樂。因它們帶來的歡樂是如此短暫，你可以用一些方法延伸那些好的感覺。請參閱下列方法：

運用對你有利的預期力量

　　當我們期待未來令人興奮的事物時，我們在事情發生之前，就已經開始享受它們。例如：當你知道即將有半天的休假時，你曾體驗到整個上午都有快樂的感覺嗎？或者你發現在假期之**前**的那幾天便開始感到興奮嗎？你能發現這類型預期的歡樂。試著預先規劃好你的快樂，就能獲得預期利益的最大化，這樣做會比每一次都是在當時才發覺樂趣更有意義，並且使你在享受當下的樂趣時更超值。舉例來說，當你知道午後將有茶敘招待等著你來享用時，就能讓你的午餐時光變得更加樂趣橫生。

當你正在享受它時，請細細品嘗這體驗

你能將任何真實快樂的經驗，轉變成對當下真實覺知（請詳見金鑰 4，便知道如何操作）的練習，以便讓你的快樂收效最大化。正向心理學已經發現，細嘗經驗的行為是增加我們生活歡樂的重要又有效的方法之一。特別是對習於反芻經驗者，藉由注意到每個細節的品嘗經驗開展，並保持在當下的覺察，以捕捉住經驗的生動記憶，不僅是使我們享受生活的方法，也使我們知道如何更有效地讓負面事物消退，而重新擁抱正面事物。

記得好時光

在感恩日誌正式地書寫自己的正向經驗（高度推薦的練習——請詳見金鑰 8 更多的內容），或者，只是簡單地回顧度過的每一個日子，積極地享受我們美好的回憶，是最能獲得生活樂趣的另一種方法。事實上研究也發現，詳述快樂的回憶，不只是能延長快樂的感覺，也同時減少痛苦的感受。特別在某個研究中，研究人員要求參與者回憶他們最幸福的日子，並重溫這歷程八分鐘，如此連續三天。在實驗結束後，過了四星期再追蹤測量，這些重溫快樂記憶的人，在健康保健的評估上得到較高分數。研究明確地發現，參與研究的受試者在長期的正向效果（他們繼續維持正向的情緒），及減少痛苦感受上有明顯進步。此外，他們的得分在個人成長和整體健康的評估上，均高於對經驗的主題做分析式描寫的受試者。如果你發現自己停留在讓你不快樂的事物上，或你發現自己快被壓力吞沒了，你都能藉由回顧與數算生活中快樂的記憶，而從負面感受中快速得到心靈的紓解。

可嘗試的活動　為生活中增加更多的快樂而努力

運用快樂提升心情的關鍵是多樣性的。正如先前陳述的，因為某些快樂事物帶來的效果會隨時間的流逝而遞減，如果你一再重複地經驗這些，相同的快樂將無法帶來一樣多的益處（至少，這些快樂將不會產生相同類型的益處，不過，儀式就另當別論了，後續我們將做更多的討論）。事實上，有許多方法可以將快樂加入到你的生活，而不致削弱他們的效益，你可以引介這些小技術進入你的日常生活。下列各項是操作快樂進入你的每週生活之有效方法：

- 如果你對快樂觀念是不熟悉的，而且它感覺像在收集物品加入你的日常生活中並產生效益，那就挑一項開始吧。為自己享受一餐新食物、一項新活動、一次新經驗，或一個小的慰勞。當你預期它、品嘗它且記得它時，這一次快樂的經驗將幫助你照亮自己的一整天。

- 有些人是真心喜歡把快樂融入每天的想法，卻苦於無法找到它的多樣性（例如：最初我只想到每天品嘗不同口味的巧克力；如果你的目標是增加快樂與體重，這似乎很棒。若你很在乎保持適當體重，這樣的增加快樂方式是無效的）。如果這就是你的翻版，你至少要每天都能加入一種不同類型的快樂，例如新的食物、新的活動、新的小額購物、新的體驗等等。這些不同的類型，都能輕易地創造出多樣性的快樂。

- 在「輪替」中享受你的快樂。當你規律性地改變項目時，可透過蒐集到的快樂項目逐一循環。經此改變，你就能一直保持著新奇感，而不一定要持續提出新的想法去做改變；這對習於例行公事的人，也是一項好的策略。

- 和朋友交換想法。問問親朋好友他們有哪些喜愛並善待自己的項目。這也能成為彼此經驗的連結，能幫助你的快樂感覺與他人有更多連結。當你與他或她享受共同喜好時，更易於提出此話題做進一步的意見交換。

- 回顧時程表並回想你通常會感到稍微疲憊、挫折或壓力的時刻，然後找尋哪一類的快樂有可能適合那個時刻的空檔。舉例來說，如果你發現下午三點時，原本熱中的工作行程讓你有點透不過氣，提醒自己要安靜的休息一會兒，或到室外散步片刻。若你當時忙於處理雜事，你也許會想要編輯一套總能令你感覺愉悅的歌曲集，或買一本你熟悉且能讓自己享受的有聲書，讓你身處忙亂之時，也能獲得更多的歡樂。

- 預先計畫並製作一份快樂的表單。讓自己能從足以提振心情的快樂項目中進行挑選（你可以使用現成的表單，或製作一份清單置入電腦及行動電話中，如此便能隨身攜帶）。

- 創造儀式。我們已經發現快樂一再使用會失去其強度。但有原則性的例外，這是指在以快樂為導向之儀式的應用。以每天享受同類型的茶飲當作例子，當我每天飲用香草茶時，我可能不會像第一次啜飲時那樣的喜愛它，但我仍然每天享受它；這會勝過往日尚未將飲茶列為我例行公事時的貧乏無味，基於有勝於無的觀點，使我能如往日般地享受它，並豐富我的生活。而坐在有特別經驗的地方並享受工作是另一個例子。當我坐進熟悉的座位時，一些順遂經驗就產生利多的愉快記憶，這會交織在我的經驗裡。而在此時刻，經常讓我享受比在任何其他地點工作帶來更多的樂趣。這是真實的，快樂不會一次又一次帶來同樣強度的經驗；然而，當快樂融入儀式或例行公事時，它們卻仍然能帶來歡樂。不

要忘記，在新的快樂項目中循環變化，保持事物的新鮮感將會讓你逸趣橫生。

滿足感

滿足感是正向心理學的另一個禮物，它能幫助我們減輕壓力且提高我們的生活樂趣。當生活中融入關懷情懷時，滿足感能在我們的生命中注入額外意義，幫助我們從無趣的工作中，或一個極度疲累的時間表中紓緩壓力，並且有助於從飛逝的時間中得到樂趣。

滿足與心流

滿足感是使用我們提升心境的特別技能之另一類活動。它能讓人們更喜歡自己的生活，而且是提高個人自尊心的一種正向壓力類型。當我們進入滿足感時，我們會經歷到「心流」（flow）的狀態。在此狀態中，我們失去時間感，且自我意識會變得薄弱些。心流的觀念首先被心理學家 Mihaly Csikszentmihalyi 推廣應用。他發現，只有在正確的方法中挑戰我們自身的特定活動，才能帶來完全融入的感覺。當我們融入到合宜程度的挑戰活動中，我們更能進入近乎冥想的狀態。這雖不是件容易的事，卻是可參與並享受其中的活動。當我們經歷心流的狀態時，我們失去時間和自我意識的軌跡；而且當我們進入心流狀態，同時完成內在活動時，我們會覺得寬心自在，且一身輕省無罣礙。

滿足感是融入心流的活動之一，許多人特地將這些活動融入他們的生命中。但也有些人因不了解而裹足不前，進而失去嘗試的機會。滿足感

能藉由下列方法，達到壓力的紓解：

＊**當我們進入滿足感時，我們能經歷到使我們完全專注於事務的心流狀態，這能引領我們經歷生活裡輕省而較少的壓力。**當我們失去對壓力源的敏感度時，就有助於處理焦慮和反芻的議題，並能干預因壓力源與壓力之間缺乏中斷而導致更多壓力的不良循環。滿足感能提供我們需要的中斷休止時刻，藉由此方式能在滿載壓力源的生活情境中，找到喘息的機會。

＊**滿足感能建立我們的自信心，並覺察自己的優勢。**因為當我們感覺不能勝任所面對的挑戰時，便產生壓力；當增強自我效能感，便能延伸並超越心裡的內在活動。而且滿足感提醒我們，在壓力因應上，我們可能比自己所了解的更有能力及影響力。持續的壓力會侵蝕對自己能力的信心，簡單地加入滿足感，便能產生恢復自信心的效果。

＊**滿足感能提振我們正向的情緒，幫助我們度過每一天。**在早晨起床時，它們能給我們興奮的理由；而當我們處於太多壓力下時，這又可抵消疲憊的感覺並恢復能量。

滿足感與快樂間的關鍵差異

滿足感與快樂都能帶來幸福的感覺，讓生活變得更有樂趣，且有助於減輕壓力，但兩者間有些關鍵性的差異。滿足感和快樂是不能互換替代的，二者各有其不同的目的。理想上，因為兩者都能提升我們的生命境界，因此我們都能將它們融合納入我們的生活方式。而滿足感和快樂之間的重要差異如下：

＊**滿足感需要更多的努力，它能帶來較明確的益處。**買一個冰淇淋甜筒給自己提振心情是一件容易的事，不過要完成一期空手道課程，發展技能並得到較高層次的健身術，則需要投入更多的努力。 然而，空手道

課程（或其他類的滿足感）的正向感覺和其他的益處，通常比甜點帶來的快樂情緒還更加持久些。

＊**滿足感的益處隨著時間的過去而增加，快樂卻隨著時間的流逝而失去其強度，這是滿足感最重要的特色之一。**因此必須強調：當我們繼續享受滿足感時，它可能變得更具有可享受性！舉例來說，當你在畫布上畫下最後一筆時所得到的快樂，與你在帆布上畫出第一筆色彩有同樣多的快樂（或者更多！）；相較於當你最初拖拉著疲憊身軀，勉強自己去上自由搏擊課程，與在完成搏擊課程的最後一踢，其所湧現出來正向感受的高潮，絕不可相提並論。

＊**滿足感的益處能因重複使用而增加。**當你發展與滿足感相關的技術時，你會習慣性地更多享受這些活動，而不致隨著時間逝去變得平淡無奇。這意味著，一個經過長時間的沉思習慣，其思考的技能並不會失去它的光彩；反而使你對所喜愛的習慣，因通過每個月固定練習而更增加其深度。對編織或木雕的嗜好也是同樣道理；因為當你逐漸熟練時，絕對比當初你是新手時，更能享受它們。需要技能的工作常能帶來相同的樂趣；這就是為什麼有人熱愛他們的工作，到了特定年齡亦不願退休。滿足感能帶著意義到我們的生命裡，對我們而言它日益顯得重要。滿足感越來越能連結到我們自身的角色和自尊心。

什麼是共同的滿足感？

滿足感可以採取多種形式。滿足感因每個人樂於擁有而被高度個人化，甚至比快樂更加多樣化；一個人的滿足感很可能是另一個人的沉悶工作，這取決於天生的才華、技能及品味等因素。下列目錄是建置於許多人的共通滿足感。它們能提供靈感和正確的心靈架構，能增添自我的滿足感，最後形成自己的個人清單。看看在這裡能提供滿足感的項目有哪些？

- 園藝
- 手工藝
- 木工藝
- 學習一種新的語言
- 播放音樂
- 完成填字遊戲或數獨謎題
- 寫作（短篇小說、書、詩或甚至個人信函）
- 武術
- 烹調及烘焙
- 電腦程式設計
- 圖畫、插畫，及其他的藝術創作
- 策略遊戲
- 冥想
- 未在此處列出的嗜好
- 發揮個人優勢的工作

如何管理

努力讓更多滿足感進入你的生活

創造一個結合多種滿足感的生活類型，對壓力紓解是個好主意。然而，即使僅增加一個經常熟練的滿足感，能產生的助益仍是很大的。下列各項是包括不同生活領域的滿足感，以及一些潛在的方法，以引導這些活動進入個人現有的生活類型中：

在工作中

理想上，我們應該都在需要各種獨特才能的行業中工作。一般

的情況是，我們在工作中持續被挑戰激發能量與重要性的感受，但是當我們都感覺到快心力交瘁時，這情況便無法持續太久。如果你沒有像這樣的一個工作，滿足感能在一些不同的方式中幫助你。

- **職場上。** 如果在新的職務中需用到你所具備的任何特殊工作技術，做你所能做的事來完成工作是值得的。令人感到有趣的是，相較於其他較輕微的工作量、不足為奇或過度零碎的事，即使是增加你投入的工作量，並在一定程度上具有挑戰，你卻能享受它並甘之如飴且感到較少壓力。若拿你覺得過度困難卻能經驗滿足感的工作，和較輕省少難度的工作來交換，在工作上的感覺明顯地呈現出更積極正向。

- **工作外。** 如果你無法改變在工作中的責任類型，你仍然能從工作外的更多參與來得到滿足感。在工作外參與數小時的刺激活動，能改變你整體的感覺，從而讓這些益處滲入你的工作表現。它無形地改變你有較好的自信心，也使你在面對挑戰時，獲得意想不到的喜樂；而非將特定的工作視為困難重重，因而感受到威脅。你會有能力以較放鬆的方式接近它們，並且視它們為挑戰（請詳閱**金鑰 4**，以獲取更多如何因應壓力的方法）。

在家

在下班後，你有更多時間和自由去體驗生活的滿足感。你可以減少其他活動而刻意留下時間，以便增加喜歡的嗜好來體驗不同的滿足感。滿足感所帶來的諸多好處，終究能讓你理解做這樣的改變是值得努力的。

與朋友同在的滿足感

有許多滿足感是要在團體活動中達成的，不論是在內在享有，或有部分是來自與他人同在一起達成。需要透過團體交互作用的遊戲競賽，不管是以身體運動的形式或智能策略的比賽，都能使一群人進入心流的狀態內。組織一個團體也是一種可享受的方法，因成員中會融入許多的滿足感。通過團體活動帶來某些滿足感的益處包括：

- 分享一個有樂趣的活動能夠創造一個社交的連結。
- 如果你將滿足感融入團體當中，當目睹成員敦促你優先使用這些活動時，你可能會更加持續保有滿足感。
- 為了不放棄團體朋友，及你缺席時會讓團體失望的想法，也會是促使你持續下去的原因。請記住，滿足感的許多好處，將因著時間的過去而被強化，因此透過某些外在的因素，能鼓勵你持續地堅持有助益的習慣。

✎ 感恩的心

培養感恩的心已經被證實對健康與幸福感有非常正向的影響。研究發現，培養感恩的心能幫助你在日常生活中維持較正向的心情。提升感恩的心是增加情緒健康與壓力復原力較簡單的方法之一，它能使生活中有較高的整體滿意度，以及較多的幸福感。如此便能有助於提高情緒健康，並改善你的人際關係。感恩的心越多，越容易有較堅定不移的人際關係，因他們越常感激所愛的人。賞識若是被感受到，人們在他們的生活中會做得更多，以獲取更多這種感恩的心。此外，懂得感恩的人，他們傾向於睡得更好，並且擁有更健康的身體。

培養感恩的心

你能以簡單的方式提升感恩的心。以下的策略或技巧已被證實能增加你的感恩經驗。試看看哪些是最適合你的：

感恩日誌的書寫

維持感恩日誌的書寫常被人們樂於使用，以至於許多人發現他們整天都在期待著書寫日誌的時間到來。這種方式能激發他們越來越關注生命中感恩的事物。下列許多方法可以幫助感恩日誌的書寫長久持續下去：

- 它可能是一長串每天被感恩的項目。
- 它可能是經由媒體報導公布被感激的一或二件事。
- 它可能是在你的日誌中被詳細描述的一件事。
- 如金鑰 4 所提到的，每天在感恩日誌寫三件感謝的事項，已被證實為最有幫助的技巧。這是容易達成的數字，並且提供合適的空間去真實體驗感恩，而不至於因大量書寫耗費太多時間而感到壓力重重。

感恩的信函

出自於正向心理學範疇，備受喜愛的提升感恩的技巧，就屬感恩信函。這練習包括一個稍微盛大的場合以尊榮某人。它以下列方式運作：

1. 從昔日已為你做過某一件事，而讓你真正感激的他人中選定一人。

2. 寫封詳細的信給這個人，內容詳列他為你做了何事，並且他的行動對你的生活產生實質重要的影響，及你如何感受到對你的影響。讓他知道你感激的心及感激的緣由。

3. 大聲對他個人朗讀信函內容。

每天的感恩

在生活中，每天表達對人的感謝是很容易的。你要做的，就是說出來。如果你不習慣讓他們知道這對你的意義有多大，或你多麼感激他們為你做出的善行，就讓這些事都成為習慣。當你有這些習慣後，努力讓它擴散出去，好讓更多的人知道——不論是在工作中遇到的熟人，在班級上課的同學，或當你外出吃飯時碰到的陌生人。這是分享感恩的心最簡單的方法，而且它會帶來立即的回報。

問問自己幾個問題

- 我的生活領域中，有哪些是讓我比較快樂的嗎？
- 我可能最能享受的快樂是什麼？
- 我能輕易地加入一週生活的歡樂是什麼，為何應該是這些？
- 我在生活中正經歷足夠的心靈流動感嗎？
- 我時常體驗及喜歡的滿足感是什麼？
- 在生活中，對自己及他人增加感恩的心，我較偏愛哪一種？

評估你的答案

　　當你讀完題目及答案，留意哪個答案是從腦海中一躍而出。對於把快樂加入生活的想法你感到興奮嗎？當你觀看生活中的各個領域，什麼可以讓它更快樂些？什麼可以做更持久的改變？讓你的興趣指引你。如果你有特別的感覺，覺得你需要在生活中有更多的心靈流動感，或者需要專注在感恩的心，隨心所欲的去做吧！好好使用本章節中的各種活動，去創造出更多快樂的生活。

金鑰 *8*

熟練長期復原力

能彎曲的竹子比堅硬的橡木更堅強。

——日本諺語

經過反覆演練一些壓力的紓解方法，能對壓力產生實際且長期的復原能力。本章將逐一呈現支持某些有效的活動之研究成果，並提供具體的策略，以利於你選用這些活動，成為長期習慣。你可以選擇冥想、運動，或日誌書寫，或三者合併統合運用。

Libby 的壓力解決

Libby 發現，在第二個孩子出生後，她感到心力交瘁。大半的時日她花在換尿布、規劃遊玩的日期，並滿足兩個年幼孩子的許多需求。雖然在許多方面是美好的，但也耗損她不少的心力。由於剛搬入新的住宅區，鄰近沒有親人，因此她還需努力營造一個朋友圈。她的身體尚未回復到產前的狀態，但生活方式已經大大的改變。孤立無援及壓力重重的感覺，讓她變得暴躁不安，而更難妥善照顧她的嬰幼兒及自己。

她意識到自己需要一個出口。在檢視過自我需求和選擇後，她決定和丈夫一起嘗試參加武術班。他們參加了一項兩小時嚴格的課程，每週兩次，事情開始發生微妙變化。她的職責雖然沒有改變，但她的能量力氣，在每次面對挑戰的因應時都提高了。她發現，活力充沛的有氧運動建立了挫折的出口，運動強化她的身體，武功招式將自信的感覺注入內心，武術班的社交場所更讓她有機會結識新朋友。除了工作和孩子的話題，她與丈夫開始有新的連結。更奇妙的是，她發現自己對生活中的挫折，不再感受到那麼大的壓力。她離開武術班的情緒，總是比剛到時提振了許多，在那裡的活動給了她沉穩的感覺，而且其中某些好的感覺，能持續至少一整個星期。對她而言，這新的習慣滿足她許多的需要，也改變了對生活的感受。因為感覺到更有活力且被激勵，她已經有能力將壓力紓緩技術融入到忙碌的生活中。

爲何長期習慣不同於反覆之短期習慣

　　採用一個完整的壓力管理計畫的優點，勝過選擇一個或兩個最喜愛的壓力紓緩方法，是在於你能建立一個策略，可以同時擁有多種不同的壓力管理技術，以因應不同的壓力情境。我們曾經討論過在你的生活中，如何在不同時間、地點識別壓力問題（金鑰 1）。我們也討論過如何以短期的壓力紓緩技術，迅速逆轉壓力反應（金鑰 2），及瀏覽過使用大量快速的方法來減少壓力的感覺。我們也曾聚焦在如何照顧自己的身體（金鑰 3）和心靈（金鑰 4），讓你運作得更好，甚至不需要在無形中爲自己營造壓力。我們閱讀過不同的生活方式之成分，以利從壓力中建立有效的壓力緩衝器，並提供更多的工具來運用管理（金鑰 6 和 7）。最後一個且是非常有益的金鑰是，在有效的壓力管理計畫中擁有至少一個長期的習慣，藉由降低你的壓力反應，建立對壓力的復原力。這將是一個非常寶貴、值得學習的資產。

　　本章要介紹的兩個重要方法，已被研究證實是有效的。首先，每次練習時，它們都可以減少壓力（前面的章節已深入探討過它們歷年來的研究成果）。它們當中的每一個技術，都已明顯呈現在幾分鐘內的練習即能減少壓力，因此，在你開始第一次練習時，它們即能成爲有效的壓力紓緩方式。

　　然而，或許更重要的，這些技術已被證實能隨著時間的推移，更有效地改變人們的生理和心理上的壓力反應方式！這些壓力消除策略能因著持續練習，帶來更大的收益，而滿足感即是其中的要項。經過幾週的練習，你會發現能更迅速地獲得壓力的紓緩效果。再經過幾個月練習後，你又會發現壓力已經紓解許多。即使不再練習這些技術，你仍會自然反應出較少的壓力強度。隨著更多的練習，這些策略將可以逐步達成輕易緩解壓

力的立即效果。因為它們的益處是累積的，它們不僅幫助你紓解現在遇到的壓力，還能幫助你更好地管理至今尚未遇到的壓力源。

這對情節式和慢性壓力的因應，將會有很大的幫助。如**金鑰 1** 論及的，因為壓力可以從自身生成，也會因著身處心力交瘁的狀態下加劇惡化，而使自己承受到更大的壓力。為此，我們需要有效的策略去介入壓力的累加，和壓力源反應連結的影響。通常，這些壓力源會產生更多壓力；然而僅僅依賴介入處理壓力的循環，及紓緩主要的壓力源是不夠的。隨著時間的延續，你還能藉著增能習慣的復原力，來降低壓力的程度。這些習慣會減少我們對壓力源反應的強度，並讓每個壓力源能減少對總體壓力負荷量的影響。它們能成為對抗壓力的保障，特別是當生活中面臨高壓力的情境而感到不堪負荷，且無法抽出時間來練習壓力紓緩技術時更為明顯。

養成習慣

並非所有的壓力因應策略，都能帶來相等程度的復原力。本章包括三個最有效的壓力紓緩技術。它們當中的每一個技術，都可以獨立練習使用，並在短時間內即可帶來益處。隨著時間的發展，再累加更多的好處。它們也可以在一個人的情況下實施。初學者可以嘗試每一個技術方法，並從中考慮一、二個，或全部三個，成為你生活型態中規律活動的一部分。

冥想

回想**金鑰 2** 所提到的，這種效果顯著的技術，近年來已獲得社會大眾的普遍接受，研究人員已從中發現大量壓力紓解的益處。除了基本的短期益處——冥想被視為一種速戰速決的壓力緩解功能外，另外的優勢是，

通過這種技術的長期練習，冥想已被賦予更大的效益。如果你規律性地練習超過幾個星期，你可以從中獲得下列益處。

冥想的類型

冥想有許多不同類型，每個人都可以經由練習帶來緩解壓力的好處。每個冥想的變化，都能因著個人的偏好及個性特徵，而吸引不同的人。某些形式的冥想對於特定的人而言，可能比其他人更簡單容易，或更舒適些；而某些形式的冥想則能在個人練習進展中的不同階段，迎合個人的需要。一般而言，冥想技術被分成兩種主要類型：集中和非集中。

集中冥想的類型是集中在一個焦點上。亦即注意力被引導在一個對象、感覺或想法上。集中冥想的特徵是容許焦點的多樣化；其焦點可以是蠟燭、口頭禪、一塊巧克力，或者自己的呼氣與吸氣。

非集中冥想也被稱為當下覺知冥想，這是一種更超然的作法。其焦點不在接近某種對象本身，而在對所有事物的覺察，此即為這類冥想的核心概念──它所關注的焦點在當下。集中冥想往往是更適合初學者來學習，但這兩種都是有效的壓力管理類型，一旦學會了，這兩種類型都能很容易地進行個別練習。

冥想的好處

集中與非集中二類型的冥想同樣帶來諸多益處，這些益處是要我們藉由投入時間去學習而產生的。冥想能很快速而巧妙地運作，或許最大的特色是它的好處會隨著時間而累加。然而，即使是長期練習冥想達數年之久的人，都會發現它仍然具有挑戰性，因為練習的深入與否是隨著時間漸進的。經常做冥想練習的人，能夠更快速地進入深度的放鬆狀態，因此，不僅是長期的冥想練習能帶來更多的益處，短時期的練習亦能產生不錯的

效果。

即使只有短短三分鐘的操作，冥想已經被證實能產生效果。然而，持續較長時間的練習，累加每一期的次數，更能帶來最大的效益。Jon Kabat-Zinn 博士是一位來自美國麻賽諸塞大學的研究人員，已經率先完成許多冥想的研究，並且推廣一種冥想培訓課程，包括八週的培訓課程，及每天家庭作業練習。經過八週的培訓課程與練習，許多效果已被研究證實，其中部分效果如下：

- 增加處於安適狀態的感覺
- 提升專注力
- 減少焦慮感
- 降低血壓
- 增加同理心的能力
- 通過各類檢測增進健康（包括：改善過敏體質、睡眠障礙、憂鬱症，及暴飲暴食）
- 較低的壓力反應

可嘗試的活動   **呼吸冥想**

冥想中最普遍流行又特別適合初學者的形式之一，是呼吸專注冥想。因為我們的呼吸是持續不斷、有節奏性、絲毫不費力氣的。我們的呼吸聲和感覺，為冥想練習提供了一個奇妙的方便性與效率。由於冥想與呼吸的生理放鬆之結合效果最佳，學習這種呼吸和冥想練習可以同時交融使用。當身體處於壓力時，我們的呼吸轉變為一個更淺、更快速的模式，當呼吸返回較寬鬆的模式時，可以幫助紓緩壓力的反應。因此，就壓力本身而言，做個放鬆的呼吸伴隨著冥想，對紓解壓力絕對有效。以下是一個簡

易可行的呼吸冥想步驟：

1. 找一個安靜的地方放鬆，並讓自己有舒適的感覺。

2. 依據你計畫練習時間的長度，設定鬧鐘（這將讓你充分放鬆，知道你不必擔心你會睡著，而錯過練習結束後需要處理的重要事務，或減少思緒及想法的混亂）。

3. 進一步調整你的呼吸，你可能需要在每次呼吸時計數，如同金鑰 2 介紹的呼吸練習，吸氣時緩緩的數到五，呼氣時緩緩的數到八，並保持呼吸步調的輕鬆。當你計數時，還會提供你有個專注的時刻，這會幫助你更容易地進入冥想狀態，對一個初學者特別具有意義。

4. 一旦你覺得是在完全放鬆的呼吸狀態時，便可以停止計數，並停止專注於呼吸的改變。與其在此時改變你的呼吸方式，不如只注意你的呼吸，在吸氣與吐氣時留心身體的變化。當你的心飄蕩（這是不可避免地）於呼吸以外的任何事情時，輕輕地引導你的注意力，將它拉回到你的呼吸聲和感覺。不要去在意它；只要持續練習就是了。這是練習中的重要部分。

5. 繼續放鬆練習，直到你的鬧鐘響起，或直到你自然感覺時間用盡，練習完成。

冥想的其他變化

這種呼吸冥想是一個簡單的教和學的方式，這是它能盛行並且為初學者所樂意接受的原因。然而，如上所述，它可能是眾多冥想形式中吸引你的一種方式。下面是一些比較盛行的冥想類型及簡要說明：

＊特定語詞冥想。這是非常有效的冥想形式，對某些人而言，它會

比其他形式的冥想更容易學習及練習。它融入了專注於一個特定的語詞，它可以是你選擇的任何事物（很多人都喜歡選擇像 om 和 one 的聲音，這是很簡單且不分散注意力的重複語音；其他人喜歡選擇一個單詞或具有意義的話語，如希望或平靜。無論你選擇任何特定語詞，顯然都有你的考量，但無論你選擇什麼，都是基於它能與你產生共鳴）。特定語詞冥想與呼吸冥想遵循相同的基本模式，除了大聲朗誦或腦海中默念重複特定語詞外，其餘大致都相同。當你緩慢重複這些字句時，你會關注這個字句的聲音，及重複這詞句的感覺（如果你大聲重複朗讀或出聲）。當你的心飄蕩在其他外在的思緒時，只要輕輕地重新引導回重複的特定語詞。

＊**音樂冥想**。這種類型的冥想結合，能產生多種聆聽音樂的好處。選擇能讓你紓緩及愉快的音樂，單純專注它的聲音旋律。讓感情流過你的身體，專注於感官的領受。留意保持你的心靈清澈，並單純地關注你的感受。

＊**慈愛冥想**。此一冥想，也被稱為慈心冥想，能為你帶來積極的想法和感受，幫助你適時消退任何對他人的憤怒和敵意。除了專注於一個特定語詞外，此一冥想亦包括專注於喜愛和讚賞之情。首先，你置身於這些正向的情感，想像自己被愛與光圍繞著，試試看身體是否能感受到這些感應。其次，每次思想你所愛的人，同樣地預想他們也被愛包圍著。在你的心裡和身體裡，真實感受到它的存在。之後，轉移到熟人和你不認識的人，那些人可能會令你感到輕微的厭惡；最後，轉移至那些可能會令你生氣或憤怒的人。讓自己割捨你可能擁有的負面情緒，因為你讓正向的、充滿愛的感情，來填補你的意識和環繞你的那個人的身上。你可以直接導引慈愛的冥想到整個群體的人，甚至擴散至其他國家社會。它能產生的好處包括：減少憤怒、負面情緒、壓力和焦慮，以及增加正向的社會性感受與希望。

＊**額外冥想**。如果你正在閱讀這些金鑰的內容，但一時之間未有起色，你可以在金鑰 4 找到更多的冥想技術。

運動

規律運動是一個被極力推薦的壓力緩解方式，其原因有幾個。正如前面的章節所討論的，身體活動帶來諸多益處，遠非其他紓解壓力的方式能相提並論。僅就身體活動的好處來列舉，就包括：增進健康、長壽、幸福等，運動的習慣非常值得你投入努力；作為一個壓力管理技術，它比其他大多數的方法更為有效。結合上述的益處，使身體運動成為生活方式的特色，變得更值得我們去追求。

運動的好處

在先前的章節中已談論過運動健身，在**金鑰 3** 有深入的探討，因此，在此僅提供一個快速的回顧。運動可以讓你在短短的三分鐘後，就減少壓力的感覺，並且在長期規律性運動後，能獲得多方面的、且印象深刻的益處。規律運動可為身體帶來壽命的延長，並且在各樣的生理檢測中，顯示能增強身體健康。規律運動甚至會改變身體的壓力反應，並平靜心靈，使你身處的環境之壓力源產生較小的影響。運動促進情緒和身體的健康，是其他活動無法比擬的，建議你要將運動納入任何健康生活型態中。

注意事項

當仔細去看待所有的壓力紓緩方式，運動也不免有些不利之處，特別是當運動被個人視為唯一消除壓力的技術時。對於那些有足夠時間及有充沛體力的人，運動對紓緩憂鬱有著奇妙的效果，能提升整體健康狀況，又能在許多方面有效的紓解壓力。然而，要留意幾個注意事項，運動不應該是個人唯一用來紓緩壓力源的手段。在建立一個壓力管理計畫時，下面的注意事項應銘記在心，其中包括作為主要項目的身體活動。

緩慢啟動並保持安全

你可能會被快速地引誘去嘗試從未參與過的激烈運動項目，並且盡可能地想立即成為頂尖運動者，以便盡快紓緩所遭遇的壓力。這絕非好主意，也千萬個不可以。你會弄巧成拙傷害自己，或力有未逮而放棄。也可能因運動後身體的疼痛或不適，而認定運動項目是不適合你的。凡事事緩則圓，慢慢的開始，按照個人的步調，緩慢而逐步地進入更多你喜歡的激烈運動課程，不能過度強迫自己，導致半途而廢。

不要放棄

每年一月，健身房會擠滿想運動的人，因而很難找到一個停車位；當鏡頭切換到三月時，你會看到在體育館前面的長段路面，空車位卻甚多。許多人在一開始的運動計畫方案時做出承諾，卻於數週後，在可預見的中途退出。（記得我們在「緒論」中已談過，在新年的承諾中，88% 的統計數據是歸於失敗嗎？）經常發生的是，人們發現當連續缺席幾天後，最終決定不再去的因素，竟然是他們認為沒有什麼必要去維持運動習慣。不要讓自己被愚弄，相信自己，撐下去，你就可以保持有規律的運動習慣。你可能需要改變自己的方式，這裡也提供達到成功的幾個潛在路徑。當面對一項不利的挫折事件，如中斷練習時，也不可將放棄列為選項之一。

生活教練常見到，在維持新的運動習慣的客戶中，通常會在第三和第七週之間，發生持續運動的困難。這是一個顯示窗，表明其中的動能，正從興奮於新的改變開始減弱，且在維護新習慣數個月的成就感尚未產生之前就發生。在這更具挑戰性的時刻，堅定你的決心是很重要的，如果有必要，調整你的方法，給自己一些工具，不斷地執行新的運動習慣（請詳見下一章「創造一個行動方案」，其中有為了如何去執行提供一些具體的提示）。

不要讓運動成為你唯一的選擇

某些壓力管理的技術既然運作得這麼好，用它當作是唯一的壓力消除方法，在短時間內對人很有誘惑力。運動是高效能的壓力紓緩方式，但它應該是其他緩解壓力工具的選項之一。其中有幾個原因：首先，它不能在每一個實例中都適用。也許有些時候，當你需要迅速冷靜下來，離開你所面臨的情境，採取快步走路是有用的。你需要一些快速有效、且幾乎在任何地方都能實際練習的壓力紓緩工具。在其他情況下，強調你的壓力來源是很重要地。很明顯地，使用主動積極與問題解決的因應技術，如界限設定，或減少忍受量都能產生效益。

此外，也有可能是因為身體受傷或其他環境因素不允許，使你不能如願地以運動健身。如果你已經習於某種程度的活動量，突然停止了身體的運動，會讓身體處於一種撤離的感覺。如果運動是你唯一使用的壓力管理工具，此時壓力會加劇，而其他壓力源將對壓力管理更加具有挑戰性。在生活中，將運動作為重要的壓力管理計畫的組成部分是個好主意，但為了平衡起見，保有其他紓解壓力的習慣則更加妥當。

嘗試不同形式的運動

為了紓解壓力，幾乎所有的有氧運動，都會是好的選擇。不到三分鐘的有氧活動，就能使可體松水平下降，而產生的益處亦隨之上升。

三種類型的運動

以下是強烈建議的三種運動類型，都能用以紓緩壓力。因為它們對壓力強度的降低，不論是短期或長期的壓力管理，都特別有效：

＊瑜伽。和緩的伸展與瑜伽的平衡，可能是當任何人提到瑜伽練習時，首先會聯想到的。不過瑜伽還有其他部分有助於消除壓力，並增進健

康生活。瑜伽與冥想一樣，融入了橫膈膜呼吸（請詳見**金鑰 2**）；事實上，有些類型的瑜伽融合了冥想的練習，並成為冥想的一部分（的確，大多數形式的瑜伽，都能促使你進入某種程度的冥想狀態）。瑜伽還融入平衡、協調、伸展，有些類型還會加入強化的訓練，所有這些都能幫助身體健康，以及紓解壓力。瑜伽可以在許多不同的情況下練習。有些類型的瑜伽，感覺似乎是對身體內部的輕柔按摩，而其他類型將使你的身體出汗，並在第二天感到痠痛，因此瑜伽的各類學派能夠吸引大多數人，甚至吸引那些具有某種程度的生理限制者。

＊步行。步行是最容易獲得壓力紓緩的一種類型，這是因為此技術能帶來神奇的效果。人體的設計是能行走長的距離，而此活動通常不會導致身體過度的耗損。步行是一種運動，你可以輕鬆且個別化地透過使用的速度，隨身攜帶的重量，喜歡的音樂、地點和同行者等選擇來完成。這類運動也可輕易分解成十分鐘的單位，並沒有速度的等級，除了一雙舒適的鞋子外，沒有特殊裝備上的需求了。（這是一個優點，因為研究已經顯示，三個十分鐘的運動與一個三十分鐘的運動，帶出大致相同的功效，這對於那些需要在繁忙的行程中找尋較小量的運動者而言，是天大的好消息！）

＊武術。武術有多種形式，而每個類型會有稍微不同的關注點、意識型態，或者一套技術，它們都能提供紓解壓力的效果。這些練習往往能讓你擊出有力的重拳，同時提供有氧運動和強化力量的訓練，以及健身後產生的自信心與自衛能力。在群體中的練習，也可以提供某些社會性支持的好處，如同學間彼此的鼓勵，以及參與感的維護。許多武術風格會帶入哲學的觀點，促進個人壓力的管理及心平氣和地過日子。你可以選擇採用哪些類型的武術，或甚至不採用。某些形式的武術，特別是激烈的身體打鬥，受傷的風險相對較高，因此，武術練習並不能適用於所有的人，或者

至少不是全部類型的武術，對所有的人都是有效益的。如果你嘗試一些不同的武術派別時，在你選定一種武術想全心投入學藝之前，先和你的家庭醫生談談，方能在未來幾個十年中，有較高的機率因選用一個新習慣，而使你更有安適的身心與復原力。

其他類型的運動

這三種類型的運動案例並不是唯一的運動類型；它們輕易地帶來一些顯著的益處，且為大多數人所期待。不過，還有許多其他形式的運動也是高效益的，例如皮拉提斯、跑步、重量訓練、游泳、舞蹈與有組織的體育活動等。它們帶來的壓力管理效益，均能以列表顯示。因此，若進一步探索並練習，都會吸引你加入這些運動類型。

如何管理

選擇一個運動方案

當你詳視各種運動，並試圖決定哪些運動類型是最適合你的生活方式時，需要優先考慮一些因素。因為每一種類型的運動都有其獨特的效益，並吸引特定類型的人選用。其關鍵在於找到適合你的個性和生活方式之正確運動習慣。畢竟，運動習慣是較難持續下去的，選擇一個不是最適合你的運動類型，想要維持下去，將會難上加難。如何選擇並採用一個新的運動習慣，提供下列幾點參考：

尋找樂趣

首先，也是最重要的，運動必須是有樂趣的，否則你將不會有動機持續一段漫長的時日。有了運動計畫，個人就比較容易執行並持續下去。如果人們覺得有趣而不同於在工作時的費盡心力，就更容易大量重複這些活動習慣。有人可能會發現，在電視機前面的跑

步機上跑步，時間會更快飛逝；另外有些人則可能會感到精疲力竭，而寧願選擇在大自然中走走。根據這些狀況，同樣的運動可能令人有很不一樣的感受。因此，再想想哪些活動是你認為最有樂趣的。先去探索運動類別、課程及各類活動，看看有什麼項目能與你產生共鳴。

邀約他人參與

幾乎任何習慣，如果有他人一同參與，就比較容易持續停留在執行的軌道上。研究顯示，運動習慣之養成也不例外。如果你的運動計畫是在較大的社會結構團體下的一部分，例如一系列的課程與相同的一群人，隨著時間而持續進行，或通過一群好友系統的運作，定期聚會遇到的同好，這就幫助你更容易跟上運動訓練及難以放棄。看到球友或學伴在等你，會是件開心的事，也是一種積極的激勵方式，能有助於你完成運動健身的時間表；知道會有人在那裡等待見面，又能從運動中享受樂趣，有時會成為持續運動下去的額外推動力量。此外，不願讓別人失望，也可能迫使你去完成活動；因為你不想讓人失望，因此你會感受到一種額外的驅力，而維持你的運動計畫，或完成活動課程。這可能也會提醒你，為了不想讓自己失望，而真正擁有這種運動健康的好習慣。

列入你的行程表和生活方式

如果能將運動項目列入你的行程計畫的一部分，它就更容易成為維持下去的習慣，而且因著時間和精力的投入，這就能成為特別而確實的運動項目。檢核一天中的哪個時間點，最容易找到運動的空檔，並選出在此時最合適你來進行的運動類型，就排入你的行程吧！女星 Gwyneth Paltrow 近年來已成為一位工作忙碌的媽媽，並倡

導健康的生活。她建議早上到健身房健身；她的解釋是，這會讓她擁有每天的運動，並獲得提振一天的能量。早上運動強身對於那些想管理體重以及紓解壓力強度的人而言，是符合天時、地利、人和的要件，因為運動提升新陳代謝幾個小時之後，會令你感覺神清氣爽。不過，中午或晚上運動可能更方便，這將取決於你一天的工作行程。僅在週末做運動訓練，還是比沒有運動來得好（我最好的運動時間是在夜間，和我丈夫一邊走路一邊討論今天發生的生活事件；它能讓我們運動健身，且在同一時間能交談溝通，因此最適合我們繁忙的日程。我們會很小心地執行，至少要在睡前一小時運動，這樣就不至於干擾睡眠）。想一想最適合你的個別需求，不要害怕嘗試。如果在一天中的某個時間進行運動不順利，試試其他時間。

不要放棄或設定過高的目標

人們往往在開始運動強身的習慣養成之前熱過頭，結果常是傷害到自己，或身心枯竭。要讓它成為長久運動習慣之常規的一部分，為了安全起見，並維持長期的運動習慣，一定要慢慢開始，調整自己的步伐，並確認是在安全中進行。如有必要，在開始時甚至可以僱用一位教練。記住，這是一個長時間的拔河競賽；緩慢且持續穩定的人，會贏得最終的比賽。

如果必要，做些改變

如果你發現運動習慣越來越難以持續下去，或者擔心回到先前生活中少有運動的工作習慣，不要害怕去做改變！即使你的運動計畫正發生效益，改變你慣常的訓練程序，能夠打造新的肌肉，並產生更有效的運動成果（身體有一個習性，即在高原期會有效益遞減的時候，特別是相同的肌肉以相同的方式持續運動一段長時間後。

因此，更改運動的類型，可以產生不同的影響效果）。如果你的決心開始遞減，週期性地改變你的運動內容，也可以讓事情變得更有趣，有時，做一些調整是有益的。

在運動習慣開始之前，請先諮詢醫生

任何身體活動都有受傷的危險。在開始執行運動計畫前，最好先與家庭醫生談談。

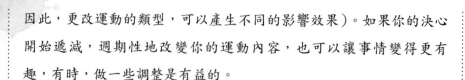

日誌書寫

前面兩種策略對壓力管理和整體健康，有許多好處。日誌書寫很明顯的，不會如同運動所帶來在身心健康的益處，或與冥想有相同水平的放鬆效果，但它確實明顯及積極地影響身體和心靈層面，其效果亦隨著時間的長久而增加。這也是一個靈活且方便的作法，因此它的優點亦包括在本單元中。

日誌書寫可以帶來特定的情緒變化效果（基於書寫過程中產生的意念），這可能會導致強有力的壓力紓緩作用。它可以用幾種不同的方式實施，也能有彈性地在五分鐘或一個小時內完成，這取決於你擁有的可利用時間有多少及目的為何而定。如果你覺得沒有時間完成一個完整的冥想或運動習慣，現在，日誌書寫肯定是你要考慮的選項。

日誌書寫的益處

作為一個壓力釋放的技術，日誌書寫帶來更為多樣的益處，這比一般人所預期的更多。它能減少各種身體症狀，其中如：哮喘、關節炎，及慢性疼痛等。它還能增進認知功能，加強免疫系統，防止其他健康問題的促發。它有助於寬恕的心理歷程。感恩日誌的書寫，在短短三週後，已顯示能實際消除憂鬱。可見，日誌書寫一般都能有效地紓緩壓力。

日誌書寫的類型

根據你的需求，日誌書寫可以採取你期望的類型來進行。你可以在電腦中做流水帳式的記錄，每天輸入生活所見所聞；在美麗的彩色精裝書用色筆寫下心得、在紙上塗鴉你的所思所想、在浴室蒸氣中的鏡子前書寫，或在上述類型中找到一個主要類型後盡情發揮（我的日誌書寫多年來已採行上述的所有形式，甚至更多的類型）。

然而，通過某些寫作技巧，用以滿足特定的目的會特別有效。下面是一些書寫日誌的不同方式，這些方式對壓力紓緩特別積極有效。不管如何記錄你的想法（數位化、五彩顏色筆，或蒸氣浴中的隨筆），這些獨特的方式均能滿足你的需要。

可嘗試的活動　　情緒焦點的日誌書寫

每個人都有自身的問題，這使得我們產生壓力。覺察壓力背後的情緒，探索情緒背後的事件，方能超越激動的情緒，進入一個內心較為平靜的狀況。如果你已固著在生活中的壓力源，以日誌來書寫圍繞在此一問題的感受，並探索你連結到如此感受的可能原因，你會得到一些領悟，藉此亦能在潛藏事物背後的原因探索以產生效果。在生活中，我們不常擁有完

美的經驗，而習於選擇封閉隱藏某些經驗，但是透過探索情緒的感受，找到自我封閉或隱而未顯的意識和想法之出路，便能繼續前進，且與它們和平共處。隨著情緒焦點的日誌書寫，幾個不同的要素均能有助於紓緩情緒，並讓放手的路程走得長久又踏實些。

檢視

如果給自己空間去探討你的感覺內涵及其原因，就能將處理這些感受變得輕省一些。從感覺開始，回顧自己的工作，並體會內心的感受。發現了什麼感受？詳細地描述它們，無論出現任何的圖像，都是你內在真正的感受（它們也許是一系列的形容詞、隱喻，或任何似乎適合你的描述）。隨後，追溯其原因。如果感覺來自一件特定的事，當事件發生時，你有什麼需求沒有被滿足？你覺得現在的需求是什麼？探索你的感覺、需要和經驗，可以幫助你了解所經歷到的壓力，並能幫助你超越它。

承認

有時，我們只需要容許自我去感受自己的感覺，隨後便可以繼續上路。當你看到白紙黑字，就可以幫助你了解真實的感覺，並認定事實為何（若感覺似乎有些錯位，就進一步探索這些感覺出自何處，或者你能找到更容易放手的關鍵所在，就能繼續前進）。如果你覺得需要和一位親密的朋友或一位治療師談談，以便獲得更多的支持，在你帶著這些感受去和別人談談之前，先以日誌書寫的方式幫助你組織內在的想法。

探索

當你詳細察看讓你困擾的因素，以及對這些經驗有什麼誤解，此時也能幫助你從這情境中搜集且看見正面的好處。從負面經驗中，發覺出正面的好處，這與你應付式地說「很高興它們發生了」，或「你可能會喜歡

這些結果，還不算太糟呢」，是截然不同的。有時，人們經歷了許多困難，甚至是悲劇、險惡情況，在這樣的過程中，雖難以確認究竟被引發了哪些痛苦情緒，但只要能列出來，即能從其中發現這些經歷的正面好處；事實上，從艱辛的經歷中找到隱藏的好處，是在困難情境中，維繫我們能量的有利方式，同時也拒絕了「浪費」能量在所忍受的痛苦上（請參見金鑰 4）。有益於你的解決方法，是從已經造成的痛苦或沮喪經驗中，列出或詳細探討積極的事項。例如，痛苦的分手經驗，能教導我們明白在關係中，自己真正想要的和不想要的項目內容，或有關自我的個人優勢在哪裡。生存於嚴重傷害或失落中，會在生活中促使我們要為所擁有的一切感恩。再者，如果這種類型的日誌書寫感覺太強烈，不要害怕尋求治療師的幫助，並讓日誌書寫成為一種工具，如此，治療的效益方能在生活中獲得最大化的發揮。換言之，多數人發現這種類型的日誌書寫，能提供自我探索的良方。雖然，它僅僅是個單一的介入方式，但仍然有其獨到的效果。

可嘗試的活動　　焦點解決日誌

　　探索感受的日誌處理技術，能引發情緒的釋放，並揭露我們根柢蒂固的經驗。融入壓力源的探索解決技術，能催化壓力感受的釋放過程，且效果特別好。這項技術對焦慮感或反芻效應尤其有效，因為在進行日誌書寫時，可採取相關措施以超越現況。這類型的焦點解決日誌書寫可分兩部分進行，其中包括：

探索你的壓力源

　　與情緒焦點的日誌書寫配合使用時，焦點解決日誌之書寫可以從探索情緒背後的壓力開始，同時回溯到有哪些事件引發這些情緒。

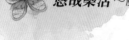

腦力激盪解決方案

與其在情緒探索階段或益處探討階段（自由選項）停滯不前，不如積極地尋找解決方案，因它可提供強有力的增能感，並使你從被卡住的困境中再度啟動，在壓力情境中感受到你仍然擁有自主權（透過**金鑰4**的重點探討，這能幫助你從擁有外控能力轉變至內控能力）。

可嘗試的活動　　**感恩日誌**

感恩日誌的書寫已在之前說明過，但是因它帶來諸多的益處，值得在這裡加以重述。感恩日誌對情緒健康產生積極正向的影響，甚至可以解除抑鬱。感恩日誌的書寫雖有幾種不同的方式，但是廣為研究人員所喜歡運用的一種方式為：

1. 在每一天結束時，選擇三件你感恩的事。

2. 書寫每一件感恩的細節，專注於你最感恩的部分。

3. 確定這些事件是當天發生，而且你是在一天結束時書寫。就某些理由來看，這種方式已被證實能帶給個人最大的益處。

其他類型的日誌書寫

雖然上面三種形式的日誌書寫，已經被證實能產生許多好處，但日誌書寫還有其他多種形式，也能帶來紓緩壓力的效益。這裡介紹另外兩種類型。

目標導向的日誌書寫

這種類型的日誌書寫，能澄清你在生活中現今所處的位置，以及你

想成為的樣子。你可以認定目標，並將它分解成許多更小的實施步驟。之後，你可以進一步追蹤自己的進展。你會更容易通過不同的階段實行，而當你完成某些成果時，要即時表示慶賀之意，且要追蹤在執行過程可能產生的問題，或可以更改的地方。這是一種有趣和驗證方式的書寫，但是無需每天動筆。

夢日誌

透過夢可以深入了解我們的潛意識，因此持續夢日誌的書寫，會是有趣和有用的。這些日誌的書寫，讓你更能記住夢的內容，並持續追蹤正在進行的夢境內容。每天早上醒來後就書寫夢日誌，你會發現夢的內容相較而言，會更生動且容易被記得。夢日誌的書寫，能與更深層次的個人目標相連接，進而更能滿足它們，並且從中因應你的壓力和焦慮源。因此你可以更有效地管理它們。

如何管理

開始日誌書寫

維持日誌書寫是一個簡單的習慣，與其他任何新的習慣之養成是類似的，但是有幾件事需要留意。如果你不能認真地持續書寫，日誌書寫的習慣無法發生效益。因此，類似感恩日誌，更是需要經常性地書寫，其效益必高於偶爾長篇大論的記載。此外，請記住，你可以在任何時候做補寫。如果你一連幾週都未曾書寫日誌，你仍可以挑選正確的備份加以補述，並繼續保持寫作。當你開始書寫時，有些原則須先記住：

選擇類型

正如前面談到的，已經有許多方便的方式來維持日誌的書寫。有些人喜歡以電腦輸入自己的想法，另外有人習慣用傳統的紙和筆抒發感受。有時，一本漂亮的日誌本可以讓你想書寫更多；而其他人，則透過一本簡單的記事本，在較小的壓力下，書寫事實裡層更「深刻」的內容事件。請考量最適合你的方法是哪種類型。同時，不要忘記，如果這對你很重要，要採取確保你隱私的措施。當你不需要旁人協助監控時，日誌書寫通常是最有效的方式之一。

選擇你的風格

在閱讀前述日誌書寫的內容——情緒焦點、焦點解決、感恩日誌，或許已經發現你與其中一個特定的風格產生了共鳴。或者，你發現不同風格的日誌，適用於不同的場合——當你覺察到情緒性雜音，很難管理它們，且無法有效解決時，就需要用情緒焦點的書寫；當你覺察在特定情況下的焦慮，就使用焦點解決日誌；在你感到傷心難過或情緒不穩定，想要重新關注在生活的積極面時，就用感恩日誌書寫。請記住日誌書寫的目標——依你喜歡的方式進行，如此將使日誌類型的選擇更容易些。

要有彈性

如果你中斷過幾天，仍然不需要放棄。如果你的書寫是凌亂不堪的（或打字中有錯誤），那也沒關係。如果你旨在書寫三件感恩的事，而你只能想到兩則，這仍然是你生活中的兩個積極事件！用你的話配合手繪的圖片合宜嗎？當然可以，做吧！你的心情將獲得放鬆，而與靈活的作法達成協調。如此，日誌書寫習慣更容易持續下去，同時心境更愉快。

問問自己幾個問題

- 我的壓力管理目標是什麼？我是否需要消除身體的緊張、減輕焦慮、紓緩抑鬱的感覺，讓充滿壓力的思緒放下？
- 在我的生活中，為維持這些策略，哪些方式最簡單可行？
- 通過這些習慣的養成，我將得到什麼益處？
- 如何將這些長期的習慣融入於我的生活方式？
- 誰能幫助我持續在這好習慣中？
- 在生活中，我還需要哪些支持？
- （如果你在過去曾嘗試過任何方式的習慣，而現在已不再繼續）在我最後一次嘗試要保持這些習慣時，哪些因素阻擋了我，而這一次又有什麼不同？
- 我需要做什麼，好讓事情有些不同？

評估你的答案

　　進入長期習慣的養成要求自我承諾。它能幫你明確地知道自己想做的，以及其原因。看清楚你的答案能幫助你了解一些事情，如果你必須找到已經失去的動力，這將幫你沿著舊經驗路徑，重新回歸正軌。

　　了解自己最希望達成的目標，能幫助你決定適合的書寫習慣，並持續去努力。例如，若你想消除腦海中充滿壓力的想法，每天書寫日誌的習慣能幫你釐清自己的想法。一個日誌書寫的過程可以幫助你清理惱人的思緒，改變你的焦點，並幫助你對一再出現的壓力產生減敏反應。冥想的習慣能完成相同的目標，但會以不同的方式呈現，因此你要知道需求是什麼，並牢記那些對你有助益的決定因素。

當你看著你的答案，你會發現為了維持動機，你需要記住什麼。你會明白為了維持自己持續在正軌上，需要讓自己落實到位的是什麼；如果發覺自己偏離目標，你也知道該做什麼。在下一單元中，你會發現更多把這些答案在生活中付諸行動的方法。

創造一個行動方案

即使跌倒七次，第八次仍然可以站起來。

——日本諺語

　　許多書籍與本書一樣，經常可以讓你從中獲得寶貴的知識，但你也許會發現，自己不確定該從哪裡開始著手將觀念化為行動。在某些情況下，你可能不知道從哪一個觀點開始嘗試，或者你可能試圖一次做很多的改變，結果卻是白費力氣而落到失敗的下場。或者你僅是擅長於為改變**做計畫**，卻拙於將計畫轉化為實際行動的層面。本章的內容提供你清楚明確的步驟，藉以創造出短期或長期的壓力管理計畫，並在生活中運用一條時間軸線將計畫付諸實現。若是發現自己面臨倒退回原點的困境，就需要預先準備一個應變策略。

　　本書包含許多在生活中減少壓力的因應策略，這些策略有利於因應已存在的壓力源。知道從何時或何處開始將改變納入行動，這是有難度的事。一般而言，它可能在同一時間誘使你嘗試做許多重要的改變，或反之緊握住想要改變的一些想法，卻從未採取下個步驟將想法化為行動。你也許還記得「緒論」中談及改變的幾個階段，了解維持長久的改變常常不容易，然而擁有一個有用的資訊和想法的計畫是絕對有幫助的。在本章結束時，你會透過內容熟悉幾種維持長久改變的方法。依此方法，在執行改變的過程中，不僅可避免力不從心的感受，同時也能養成一個好習慣。請在紙上寫下一些計畫內容，嘗試將想法化為行動。

為何及如何創造一個計畫

　　一旦你擁有一個計畫，管理壓力就容易多了。計畫可以簡化如：「當我覺得挫折時，我將會採用三次深度呼吸」；或者它能加上一個不同壓力管理技術的組合，來面對各種情境。我建議壓力管理計畫可以是兼容並蓄、形成多個面向的，包括各種可能的改變，但也能簡化到將想法化為實際的練習。亦即，僅只依賴呼吸練習時，並不足以形成一個完整的計畫，

特別是當某些人面對的是多元或高強度的壓力源，僅靠呼吸練習難以達到最佳效果，即使他們經常的練習。同樣地，即使一個壓力管理計畫融入一個多元、富挑戰性且被證實為有效的技術，但當它缺乏適當練習並規律使用時，這計畫很可能仍是無效的。你需要一個完整的計畫，這計畫是適用於你所面對的壓力源的類型，**並**在時間及體能的允許下，好好地練習，且持續使用這些技術，方能從中獲得精髓與益處。

整合你的計畫：找到最正確的組合方式

許多人會很自然地找到自己因應壓力的方式，但有些策略的確是比其他策略更為有效（例如打電話給一個朋友尋求支持，並隨時準備好回報這位朋友。這情況能成為一個健康的壓力管理方式，它勝過買一個巧克力蛋糕享用。雖然打電話尋求協助與享用蛋糕這兩種方法本質上都是滿吸引人的，但我會優先選擇前者）。發現最佳的壓力管理計畫的關鍵乃在平衡。

所有的活動都會帶來正反兩面的結果，發現正反兩面最好的平衡，就是計畫中將因應策略納入（例如：運動或冥想帶來諸多益處，但需要時間與心力的投入；感官視覺運動雖能減少時間及心力的耗損，卻帶來不同程度的效果作為回報）。設計一個壓力管理計畫的重要部分，是找到介於你正在尋找的有利資源，及能投入多少程度的時間與心力之間的平衡。

預先規劃是很重要的。若你要等到警覺有壓力時才採取行動，可能會回復到對壓力沒有幫助的反應方式，（巧克力蛋糕對誰有好處呢？）寧可採用已經被證實為有效且積極投入的一些方法，才能有助於你妥善的管理壓力。然而，如果你已經發展出一個計畫，且這計畫已考量你的人格特質、生活型態以及特殊需求，你將發現這個計畫能如你所願，更輕省地因應處理自己的壓力源。讓我們採取下一個步驟，並將計畫整合在一起。

一個理想的計畫

　　每個人理想的壓力管理計畫都獨一無二。其原因在於你已經習慣在某些壓力情境中做出反應、需要管理的壓力類型，以及其他諸多因素，你會構想出完全不同於最要好的朋友所採行的策略，或從現在到十年後的一些因應作法。這是可以被理解並接受的。因為目前已經有許多成熟有效的技術可供選擇，而且計畫中的技術均可因地制宜的改變。

　　當我們開始策劃一個計畫時，要問自己下列問題，藉以探討你需要滿足什麼，以及最有效的技術組合方式是什麼：

- 我需要多快紓緩目前的壓力？（這可以幫助你做出決定，是否更專注於快速有效的壓力紓緩，或投入多少時間在減少壓力的技術上，並且隨著時間的推移，逐漸且長久地持續進行。）
- 我需要投入多少時間去學習新的技術？
- 我需要管理多少壓力事件？
- 這是我感覺到的短期急迫性壓力，或只是一般性的壓力強度？
- 生命中的哪些方面導致我產生壓力？
- 我願意投入多少心力來消除生活中可能的壓力，或在可能遭遇的壓力源下，專注於開發自己的復原力？

　　回答這些問題後，再閱讀前面的章節內容並檢核你的生活，就能對要從哪裡開始、該如何進行有一些想法。如此，將片段想法整合在一起，形成解決壓力的最終計畫時，請記住這裡可供參考的幾個建議。當你為最終將採行的新習慣列表，或當你審視已經完成表列的項目時，盡量讓計畫內容符合下列標準：

＊短期和長期技術的混合應用。理想的情況下，如果你有幾種技術可以迅速轉換你的壓力反應以符合短期需求，或符合提升一般壓力復原力的長期需求，你就比僅有一種技術來因應一種需求，更能有效地管理壓力（請注意某些壓力紓緩方式可用於這兩種用途，在你開始將計畫化為行動時非常有用）。

＊符合你特定需求的計畫。如果你想要在各種情況下都可以使用的技術類型，發展一個多層面的因應方式，其效果更佳。但如果你覺得在不久的將來，且在有限的時間內只能學習兩三種新技術，誠實地面對自己，並據此考量做出計畫。要務實一點，在你願意做和能做的情況下，才更有可能遵循並實施計畫（記住，萬一一種策略不適用於所有情況時，讓自己至少擁有兩個策略，以備不時之需是必要的）。

＊解決你最需要幫助的領域。面對壓力常是令人焦慮不安的，但你不能因此而遠離所要處理的壓力範疇。或許你還沒準備好放掉某些有害的人際關係，或從現在開始養成長期的運動習慣，但如果這些策略能幫助你解決一些影響深遠的壓力源時，我鼓勵你在未來要勇於嘗試，或在形成習慣過程，隨時做記錄累積經驗。

＊發展一個靈活的計畫。如果有需要，讓自己擁有一點額外時間，妥善預備自己，以通過每個階段的考驗。例如，在準備採取行動之前，你要收集更多資訊以利執行。如果發現自己回到舊有的習慣，告訴自己這是可能會發生的，並重新認清它只是該過程的一部分。不要求自己完美，但希望堅持你的目標。要知道你是在持久而艱辛的過程中努力前進，成功已經在望。

問問自己幾個問題

通常在本章結束時，你已經決定做些改變，此時，下列問題可幫助你進行自我探索。以下是一些值得思考的問題：

- 從你的改變中，生活的哪些方面會獲益最多？
- 哪些改變可能最容易實施？
- 哪些改變可能帶來最大的益處？
- 如果我盡快開始，哪些改變是最有用的？
- 在接下來的幾天、幾週或幾個月，我已準備好做出改變了嗎？
- 在決定採取行動前，我需要更多資訊嗎？如果是，哪些問題需要先回答？
- （如果已確認一個目標）我曾在過去嘗試為此做過改變，之後又被擱置或放棄嗎？如果是，我從這個過程中學到什麼？
- 可以利用哪些資源來幫助我做改變？

表列一張清單

這些問題可以幫助你認清在改變階段中，開始的起點，以及需要前進的方向。在任何改變階段（或包括至少曾閱讀關於壓力管理的書），你都可以列出現階段或未來想要改變的範疇。建議你現在就開始表列這項清單。你不需要立即進行任何更改，但是會有助於檢視生活中的每個層面，清楚焦點要擺在哪裡，或正在考慮要做出哪些具體改變。一旦完成了列表，就考慮哪一項改變要優先，並專注於該項目。

🌼 確定首先關注的領域

通常人們在仔細衡量規劃壓力管理計畫時，想到要列出一長串應該改變的清單，便會顯得猶豫不決。在閱讀過本書八把金鑰之內容後，毫無疑問地，你會想要列出一張新習慣的清單，也可能你想淘汰老舊習慣，並且，期望將效果附加到每個項目內（即使你已經做了一些改變建議，但是在閱讀本章的內容後，你隨時可以增加列表上的清單項目）。一次想處理這麼多的問題，當然力有未逮，甚至於選擇首先應該處理的項目，都具有挑戰性；每次改變都因自己付出努力的代價而帶來益處。幸運的是，一旦決定哪一項壓力管理要改變後，就沒有對錯的問題了；因為所有的改變建議都會產生助益。

雖然你的決定可能取決於幾個不同的因素，但你仍須採取第一步。任何有意義的改變都是好的；幾乎**任何**壓力管理的步驟，都可以增加能量，這些能激發你採取下一步，以及下下一步！然而，當你正在努力維持初始的動機並持續努力時，花點時間來衡量下一步的利弊得失，這可是有幫助的。若是你還沒有很清楚的決定，這裡有一些值得思考的問題可供參考。

你現在已經知道，不是所有的壓力紓緩技術都帶來同樣的益處。有些提供快速的救急，能在數分鐘的練習後見效；有些則需要更長時間的練習，方能產生效果。其他技術則能幫助你，將生活中遭遇的壓力最小化；雖然要全面消除壓力源有難處，但是可以將壓力源化為較容易處理的情況。

也許當你翻閱本書時，你已經有一個特定的技術，或想要解決特定的問題，也或許你已決定採用哪種策略，並已轉化為容易施行的第一個行動。有時在你閱讀時，一個明確的選擇突然躍出你的思緒。然而，這個方式並不適用在每個人身上，並且選擇從那裡開始是具有挑戰性的。以下是

幾個不同的想法，可以幫助你做抉擇。檢視其中哪些能與你產生共鳴。如果它們似乎都是好主意，只需選擇一個，並即刻著手進行。記住：消除任何你選取的生活中的壓力去做處理，都將帶給你額外的能量與心情篤定的感受。

從最能獲益的改變優先著手之優點

如果你想要付出最少但得到最大的收益，就是找到最有利的壓力管理技術並盡快實施，這是很有意義的。其中的道理不難理解，因為，如果你只採行一個新的改變習慣，那個新習慣最好是能以最有建設性的方式，轉換你的生活方式。要是你承諾做某些本書列舉的改變項目，選擇其中對你最有益的，並列為第一優先處理的項目。這必定是個好主意。因為它能成為未來壓力管理任何改變的基礎。例如，如果你決定改變習慣性自我對話的方式，藉以發展出一個更樂觀的觀點去看待未來（**金鑰 4**），你一樣能同時改變態度及其他相關的反應。如果想要消除在生活中最緊迫的、可辨識的壓力源，你會同時找到更多容易因應的方式。將運動習慣置入你的生活方式中，將有助於你建構壓力紓緩活動的習慣；而進行每日快速操作的冥想練習，也能產生助益。用一種因應方式降低你的壓力水平，能為你鋪陳額外的一條解決之道。

從最能快速改變處優先著手之優點

快速紓緩壓力的策略，可讓開始改變的第一步變得順利多了，其中有兩個理由：第一，它能帶來快速紓緩壓力的效果，這樣的事實能促使你產生額外的動力去做出更多的改變。你會發現自己聯想到，「這樣的改變實際上已經改變我對壓力的感受，經過這些改變後，我還能有更好的感受嗎？」延續這樣的說法，再也沒有比現今的成功更能孕育下個成功了！

選擇一個快速紓緩壓力的策略之另一個好處，在於你擁有一個簡單

的工具，它能快速地降低你的壓力強度。能快速地使用這些壓力紓緩技術的經驗，將使其他的改變也變得容易些。根據前面的章節內容，假如我們已經瀕臨心力交瘁的處境，我們會對壓力源做出不同的反應（例如：雖然運動對壓力管理是一個很有效用的方法，但是當我們身心俱疲時，仍然會缺乏去體育館運動的動力）。認清自己正處於心力交瘁的邊緣，能幫助你從一個增加能量的賦權與熱忱的立足點，進行即將面臨的改變。有了這樣的觀點後，再進一步進行簡易且快速的壓力紓緩技術，就是建構一個壓力管理計畫的簡單可行方式。

從最緩慢改變處優先著手之優點

部分最有效的壓力管理練習，確實需要花費一些時間，在它能發揮最大利益之前，無法立竿見影。但是，這些技術會是最好的方式之一，值得你優先採行。其原因是，你越快開始這些壓力放鬆練習，就越能看到它的長期效益。如果現在就開始這些習慣，例如運動、冥想以及改變思考類型，你就能體驗到立即的壓力紓緩效果。然而這些技術會隨著時間的延續，經由長久練習後帶出更多的效益。今日種下小小的種子，將在每一週、每一月逐漸產生較大、較快速的結果。從這些練習中你體驗到越來越多的效益時，便可以在生活中逐步增加其他壓力紓緩技術的介入。

從最容易或最有樂趣的改變優先著手之優點

在讀完本書後，毫無疑問的，書中介紹的各種技術，能讓每個人基於其特質及生活情境做出不同的考量，再選用富有樂趣的方式進行。或許你已經開始運動，並且將運動的方案列入生活作息中。又或許你是一位思想家，許多的方式都能激發你有些想法，這些思考類型的改變，也能牽動你的生活方式。假如你能盡快採行這些壓力紓緩策略的其中一種，或者更有興趣的操作，開始行動就會變得更容易、更自然。找到某些容易呈現成

果的技術，能夠提升你的自信心，並強化你的動機，讓運動方案持續地進行。壓力紓緩的策略能很自然地吸引你，是因你雖然處在特殊的壓力情境中，它仍能產生意想不到的效果。人們常會想到一些唾手可得，但不一定是最有用的因應方式；然而，當你亟需紓緩壓力時，用最簡易可行的技術正是你所需的，因為它也能產生一定的效益！

開始的時間

　　現在，你已經回顧了你的需要和目標，並且在紙本上寫下部分計畫內容，這就是開始邁向行動的時刻。當你從計畫改變的項目中邁向採取行動，有些訊息在這時間點是有幫助的。你可以列出要完成的目標清單。下列是如何採取行動以順利完成改變的一些要點。

選擇一個主要目標

　　在生活中建立一個新的生活習慣，或將一個主要的改變作為焦點，這要耗費一些時日、數週、幾個月，才能使壓力因應管理方法成為一項自發性的行為（或者至少成為一種習慣，習慣會變得自然，而能運用在面對即時壓力的處置），但這過程需要更專注的能量。假如將你的注意力集中在某段時間的一個目標上，這過程會變得容易些。一旦熟悉並形成習慣，就更容易進行到下個目標。

在腦海中建立一個成功的意象

　　要建立一個新的行為習慣時，需要投入一點時間，要維持它的動機時更是如此。有清楚的意象是有幫助的，它意味著需要努力達成的目標，以及你為何需要它的理由。它可能是激勵人心的事物，例如，想像你處在一種放鬆的狀態；或者它也可能是負面的事物，能激勵你，使你想要更加努力，像是想像給你帶來過量壓力事務（當治療師、運動教練或者體重控

制班的督導者使用時，這很可能帶來神奇效果，這也是一般俗稱的**定錨**效應。在這作用中，你將自己定錨在一個圖像中，並從中受到激勵）。

建立明確的步驟

記得，改變是需要時間的，同時它也需經過一連串的階段才能逐步完成。對於改變，我最喜歡的比喻之一，是個一千磅漢堡的想法。它的論點在於，我們不會拿一個一千磅的漢堡餵食一位嬰孩，並期望他一夜之間長大成人；我們也不會期望自己投入一個新的習慣，並在一夕之間產生重大改變。

我們需要把個人的進步分散成一系列的小步驟，並且在每個步驟中設法慰勞鼓勵自己。在你想要的大目標下，嘗試著完成一個小部分，並且在後續的時間中繼續維持下去（例如：你想開始冥想的練習，要自我承諾在每一天的冥想中持續五到十分鐘，並且看看你能維持一週或兩個禮拜）。之後，慶賀你的成功，並在你的目標上加上些微的改變。最後，你會發現自己很容易每天持續冥想三十分鐘（如果這是你的目標的話）。如果一開始你沒有建立一個目標，你很可能在維持幾天或幾個星期後就放棄，而難以持續進行。

在你的清單中每個新的改變，都可以持續採用這樣的運作方式。在你開始選用一個新的改變過程前，用圖表顯示每一個採行的步驟。這會產生一個清楚的方向來達到最後的目標，並且在每一個步驟達成後，都可以有慶賀方式的增強。記住，正如小嬰孩能夠長成一個強壯有力的成人，你能長大成人是因為你持續的努力。只要持續往前，像小嬰孩一樣，一個時間只邁開一步。

選擇一個開始日期

你可能正在持續地閱讀本書，因而被書中部分內容激勵，引發自我

想做些改變。但是你也會發現自己無法為改變全力以赴，以致延宕到第二個星期，或下個月。但假如你遲遲等到下一週（或下個月）才開始去做改變，初始的強烈動機或急迫性會淡化甚至無法感受到，而且你會遺忘計畫的部分內容。選擇一個時間點，開始你的改變，好好地預備它，並將自己全心投入能引發改變的程序中。在這方式下，你可能處在沉思默想的階段，要持續進行你的計畫，或你另有別的計畫，這些都會在採取行動時，增添無比的活力。即便訂下未來數個月之後的某一天，當你要朝向目標努力改變時，須容許它有一個彈性時間範圍。並且在你開始行動之前，還需要投入時間做更周延的準備，如此做法將有助於達到成功。

建立一個應急的備案

在尋求改變的過程中，即使我們做了最妥善的計畫，無可避免還是會遇到一些路障。在改變的路上，有可能面臨無法預測的阻礙，這就是建立一個支持性的備案很重要的原因。例如：你可能計畫了感到挫折時要去做冥想，但是當你時間緊迫或找不到安靜的地方時，那該怎麼辦呢？如果你堅持要完成這個計畫（或感覺到你「應該」堅持它卻失敗了），可能會造成實際上更大的壓力（先做幾個深呼吸，等到你有足夠的時間或私密的空間再進行冥想，這是合理且可接受的計畫改變）。與其因為生活中的狀況讓自己措手不及，不如有個 B 計畫或 C 計畫，以備不時之需，讓你免於遇到阻撓而懊惱不已。

不要放棄

許多時候當人們發現自己偏離了常軌，就會感到挫折而缺乏勇氣持續下去，隨後就放棄了。這的確是誘惑人心的理由。放棄之所以變得有吸引力，是因為放棄的**時間點**由自己選定，這很可能強化原本想放棄的念頭。不過如果我們進一步思考，知道放棄如何吸引人，便能幫助你去與這

誘惑人心的感覺交戰，並用不同的思考方式取代這樣的誘惑。如果你感覺到想放棄，最簡單的解決方法就是改變你的計畫，下列是幾個可以預先試問自己的問題：

- 我處在什麼樣的情境，而這情境會讓我想放棄？
- 什麼因素讓我變得如此輕易放棄？
- 在這階段中我最大的障礙是什麼？（這問題可以幫助我們認清需要做什麼努力，並加以改變。）
- 如果放棄目標，我會有什麼損失？（這有助於我們維持動力，並發覺其他足以取代的方式。）

改變你的戰術或目標

如果你發現自己在培養新的習慣時有些閃失，這是正常的，不要貶低自己。但不要忽略這些信息，它可以為你提供未來改變的線索。這裡有些值得思考的問題可供參考：

- 詳細審視你最大的障礙是什麼，在未來還需留意什麼？
- 回顧一下，有什麼能幫助你對抗放棄目標的衝動？
- 為了使下次更容易些，有什麼是自己可以改變的？

如果你發現自己沒有透過前後一致的方式達到你的目標，應該也告訴了你一些事理。也許，目標需要改變，或者你需要收集更多的資源，使事情變得更容易些。如果你覺察每個失誤都是一個潛在的線索，並作為完善新系統過程的一部分，就更容易留在目標的軌道上，甚至激發出前進的動力，而不是變得沮喪並決定退出。

可幫助你的工具

　　採取任何新生活方式的改變可能是有困難的。即使改變對我們真正有益處，但慣性使我們自然地抵制改變，然而，如果無法順利的改變，你也不必擔心。雖然在腦海中似乎傾向於保持現狀，你還是能改變生活中的事務和思維方式，這些能幫助你走在改變的路上，並使改變更容易些。以下的結構性內容能幫助你，將本書中的一些想法付諸實現，特別是在時間變得不足或不利時，更能有助於維持動機。

找一個夥伴

　　尋得一些人的支持，或找尋「目標夥伴」，對目標的達成會有幫助。其中有幾個原因，第一，最明顯的是，擁有一個目標夥伴是有幫助的，因為這個人能給予道義上的支持。如果你的動機鬆動時，他已經歷過類似的掙扎，就能了解你的狀況，並告訴你如何因應，使你再生能量以持續努力。如果你獲得成功，你知道有人面臨著同樣的挑戰，你可以真正體會這得來不易的成就，讓你去慶祝激勵自己的成功。成功的提示，溫馨的小敘，以及小小的慶祝，都因擁有旅程中的一個合作夥伴，而更容易得到。

　　第二，目標夥伴會是有幫助的，雖然他們**不是**你，卻能代表你想要實現的這個目標的一部分。如果你發現自己在找藉口，你可以讓它悄悄溜走；然而，另一個人可能不會讓你輕易逃避自己的責任。告訴你的目標夥伴，與其為達成目標而全力以赴，不如觀看重播節目或玩線上遊戲，這可能不容易開口；有時候我們對敬重的人大聲說出的藉口，聽起來是荒誕可笑的。

　　最後，也許擁有一位目標夥伴的主要好處，可以總結為**協同**這個

詞。合作夥伴的成功可以加強你的動機（通過激勵或友好競爭），反之亦然。夥伴的成功可以激勵自己更加努力。而幫助你的好友避免讓他或她放棄目標，會加強你的決心。幫助一位好友通過這種情境考驗，在許多方面是有助益的。難道我們不應該盡可能將壓力紓緩減到最低嗎？

🌼 向他人宣布

研究顯示，如果你向其他人宣布，就不太可能放棄目標。這有幾個原因。一方面，通過簡單的行動至少向一個人宣布你的意圖，會使你的目標看起來更真實。因為你必須在宣布之前的期間，定義目標並具體的將它訴諸文句。另外，宣布出來的行動，幫助你把目標帶入自己的生活。如同在持續的對話中，你所承諾的內容將進入你的腦海裡，而不僅是保有一個對未來的短暫願望。

宣布你的意圖的另一個原因是，你可以為它們增加比重，它不僅是你樂意堅持的一個目標而已，放棄目標可能得承認是你放棄的。那些關愛你並讓你感覺被接納的人，會想知道你放棄目標的原因，他們可能想對你說些鼓勵的話並支持你，讓你繼續上路；而那些樂於看到你失敗的人，可能很高興知道你放棄目標。知道他們這樣的反應可能會讓你更有動力留在達成目標的過程中。

你越多談論你的目標，你越會想避免丟棄它們，因為在你的潛意識中有個簡單的事實是，你會因為你的放棄而感覺不舒服。在言談中，你會更專注於目標的達成，你會更加有意願投入資源在它身上，因而擁有更加興奮的動力。通過專注在目標而獲得動機的增強，這正是你最迫切需要的，也因而能避免你需要表明放棄的種種原因。無論是想要保留顏面、獲得支持，或得到動力，只有在確定想去完成時，才宣布你的努力目標；當你擁有目標，且宣稱不可能放棄時，這就成為你繼續前進的動力了。

聘請教練

那些專精於健康指導的生活教練們，他們較多專注於幫助客戶建立類似運動強身的計畫。如果你不熟悉**生活教練**的用語，這是一個比較新的職業（生活教練始於 1980 年代後期，在 1990 年代和 2000 年代因盛行而獲得社會大眾的注意），他們的工作重點，是幫助人們在生活中做出積極的改變，並堅持下去。教練和治療師之間有一些性質是重疊的，但教練往往側重於現在和未來，很少關注過去。此外，他們更多專注在行動猶勝於心理問題的探討。雖然治療師和教練都可以集中於上述兩方面，但這僅是一個理想的推論。

人們出於不同的原因聘請教練，而增進健康是廣受歡迎的理由之一。優秀的教練可以幫助你了解並克服障礙，讓你持續維持在生活中的改變。他們也能幫助你重拾動機和信心，在你撤除路障後，他們可以幫助你熟悉能運用的工具和資源，讓你更有效地使用並維持在改變的軌道上。如果你自己嘗試做些改變，但發現它太具有挑戰性，或者如果你只想為了成功，同時擁有一位承諾的益友，聘請一位教練是最實際的考慮。

如果決定要這樣做，你可以在網上搜索健康教練或生活教練，或聯繫 Wellcoaches，或國際教練聯合會（International Coaching Federation），徵詢專業建議。之後約幾位教練談談，並找出一位似乎是最適合你的教練。

如果需要，就找一位治療師

有時，我們有更嚴重、深層的內在心理問題，引起我們身心的壓力。可能是一個根深柢固的家庭衝突、非比尋常的嚴重情境，甚至可能因身心失衡而需要更多治療方法或抗憂鬱藥的幫助。如果本書中的建議不足以幫你降低壓力強度到可控制的地步，或者你考慮需要更多的專業協助，遠超過一本書可以提供的，不要害怕和專業人士談談。

治療師可以協助我們處理導致壓力的更深層問題，例如：當壓力激發我們以不健康的方式面對挑戰並做出反應，而不明白持續的自我破壞行為之緣由，或者是其他深具挑戰性，且是超越自己能解決的問題時。治療師也可以幫助明白如何因應焦慮症或憂鬱症等病症，並且幫我們找到資源以有效管理這些症狀。治療師更能幫助我們解決問題、釐清問題，或認清已負荷過重的現況。治療師可以使用本書並和教練一起分工合作。

🌼 設定新目標

一旦你成功建立一個新習慣（或放棄一個舊習慣），你可能會感到興奮而增加正面能量。你正可以利用這個動機，繼續設定並達成下一個目標。你獲得信心、自豪及壓力紓緩，因此能在充滿許多健康的新習慣與目標下，沿著目標推向一個新的路徑。一旦你的球滾動了，它就變得更容易成功，有如滾雪球效應，以成功帶動成功。

重點記要

- 在決定首先做什麼改變時，有許多可以開始著手進行的部分，其效果取決於你的需要和個人特質。例如：你可以從最快速簡單的，或最有效益的，或最愉快的地方開始進行改變。你可以嘗試每種不同的方法，以達成不同形式的成功。

- 每個壓力紓解計畫對於發展者本身都是唯一的。在理想中，你的計畫應該包括：快速有用的壓力緩解方式、長期的復原力促進習慣，以及在生活中具體的壓力管理策略等。然而，這還是取決於你能投入多少能量到計畫中，以及其他的相關因素。你可以添加更小或更大的數量到混合策略中來運用。

· 你是否準備在本週或下個月做改變（或在未來六個月），採取一些步驟做好足夠的準備，以利計畫中的改變，並確保更大的成功機會。

· 如果你還沒有準備好要改變，去收集更多的資訊來幫助你獲得動力和動機。如果你能快速準備妥當，把計畫和備份策略做整合，以備提供額外的有利因素和支持，將會有助於你邁向成功。

· 如果你已經投入新的改變，一旦看到自己的失誤或覺得即將放棄，從經驗中反思並從中獲得有價值的訊息，均能幫助你更接近未來的成功。

當你持續在壓力管理的進程中……

　　本書一開始談到，壓力管理的目標是使你在生活中能改變自己的壓力經驗，它只需要一個少許的變化，便可創造一個新的平衡點。慢性壓力可以引起向下螺旋的效應，導致心力交瘁或更糟的結果；幾個簡單的壓力管理技術，卻能重新建立向上的螺旋效應，形成健康的思想和行為，是令人驚奇的強大力量。如果你不把它們付諸行動，這些技術是無效的，但若是閱讀有關壓力的書籍，審慎評估壓力對生活的影響，並計畫建立改變的可行性，這便是將壓力管理付諸行動的一部分。採取讓別人看得到的具體步驟，是行動的另一重要部分，因此，如果你發現自己因被牽絆而倒退，再次承諾自己的目標。溫柔對待自己，信任整個過程，你將化阻力為助力，使生活相對容易做出改變。

　　當你閱讀完本書，我將恭賀並鼓勵你採行一些重要措施，以管理生活中的壓力（即使你大多是挑選章節閱讀，毫無疑問的，你至少也發現一些可以改變你對壓力的想法，或馬上可以投入行動的概念）。另外，我想

提醒你，本書能作為一次又一次的再生、可循環利用的資源。在生活中不同的時間點，不同的章節對你會是有意義的，並且在生活中的各個階段裡，某些技術可以回應你的需要。如果你發現在壓力管理過程中不再進步了，你也可以藉由本書重新激勵自己，並自我承諾採行新的策略，準備再出發。

相關資源

　　我推薦以下書籍及網站，這些資料對本書論及的一些概念，提供更深層次的、有助於壓力管理最重要概念之探索。

🌼 金鑰 2：快速轉換你的壓力反應

　　在 Stress.about.com 的 About.com Stress Management，你將會找到數百篇文章，幫助你轉換你的壓力反應，並在生活中管理好自己的壓力。你會發現有本書討論過的技術，如果你還想要更多的想法，也可以從中獲得。

🌼 金鑰 3：妥善照顧你的身體

　　《你：使用者手冊》（*YOU: The Owner's Manual*），作者是 Dr. Mehmet Oz。這本書為有關如何維護一個健康的身體，提供了其他訊息，以及進一步研究如何使身體的功能有效運作。作者以動人、易於理解的言語書寫。

　　《大腦當家：靈活用腦 12 守則，學習工作更上層樓》（遠流，2009）（*Brain Rules*），作者是 Dr. John Medina。雖然這本書焦點在大腦和它的功能，不過仍有相當多的訊息說明身體如何和大腦相互作用。且從分子生物學家的角度，提供更多關於如何照顧你的身體和大腦，並維持在最佳功能

和壓力釋放的詳細內容。

🌼 金鑰 4：正確的心靈架構

《學習樂觀‧樂觀學習》（遠流，2009）（*Learned Optimism*），作者是 Martin Seligman。作者在樂觀與正向心理學領域，是領先群雄的心理學家。本書定義我們可以改變的樂觀傾向之程度，同時提供豐富且樂觀的資訊，並引導您培養樂觀主義的過程。

《佛陀的大腦》（*Buddha's Brain*），作者是 Drs. Rick Hanson 和 Richard Mendius。這本書提供有關壓力和壓力管理背後的神經科學更徹底的解釋。當你身處壓力中，如果你想要一張讓你更全面性地了解大腦裡發生了什麼變化的圖像時，本書是最好的選擇之一。

🌼 金鑰 5：盡量減少壓力源

《搞定！：工作效率大師教你：事情再多照樣做好的搞定 5 步驟》（商業周刊，2016）（*Getting Things Done*），作者是 David Allen。這是一本經典的時間管理書籍，描述一個複雜但有效的系統，能組織你生活的活動，並排出優先順序。如果你發現自己在生活中需全力同時應付多個不同的活動，但因為某些事物而陷落裂縫中，本書會是你的救生員。這個系統很受歡迎，但它不是為所有的人而寫。它需要投入時間來學習並使用策略。因此，如果你正尋找一個簡單的系統，想要快速地開始使用，就需要到別處尋找適用的資訊。

《為你的生活花點時間》（*Take Time for Your Life*），作者是 Cheryl Richardson。這是一本新的經典著作，幫助你透過生活教練，利用經過測試的技術來篩選你混亂的生活方式，並精簡你的活動作息，如此讓你行有餘力，進行生命中更多想做的事情。

金鑰 6：重建健康的關係

《改變婚姻的十個課題》（*Ten Lessons to Transform Your Marriage*），作者是 John Gottman、Julie Schwartz Gottman 和 Joan Declaire。本書探討在 Gottman 的關係實驗室最出名的研究發現，以及一個關係經驗的挑戰。本書雖導向婚姻議題，但多數的要點均能適用於約會關係甚至友誼關係。

金鑰 7：正向心理學行動化

《這一生的幸福計劃：快樂也可以被管理，正向心理學權威讓你生活更快樂的十二個提案》（久石文化，2014）（*The How of Happiness*），作者是 Sonja Lyubomirsky。本書由正向心理學的研究員集體書寫完成，探討最近關於幸福感的研究，書中解釋我們有多少幸福的經驗是可以改變的，以及我們可以怎麼做。

《生命的心流：追求忘我專注的圓融生活》（天下文化，1998）（*Finding Flow*），作者是 Mihaly Csikszentmihalyi。這本關於心流現象的突破性書籍，進一步解釋這些概念，並詳細說明在你的生活中，如何結合心流的概念。它是由這領域中首席研究員所撰寫，是一本可讀性高並且吸引人的著作。

「真實的幸福」（*Authentic Happiness*）。這個網站 www.authentichappiness. sas.upenn.edu/Default.aspx，有來自賓夕法尼亞大學極卓越的正向心理學研究學者群，提供一些可以幫助你把正向心理學的原則付諸行動的資源。其中最受歡迎和最適用的是—「VIA 簽名強度調查」（VIA Signature Strengths Survey），因此我強烈地推薦它。

金鑰 8：熟練長期復原力

《減壓，從一粒葡萄乾開始：正念減壓療法練習手冊》（心靈工坊，2012）（*Mindfulness-Based Stress Reduction Workbook*），作者是 Drs. Bob Stahl &

Elisha Goldstein。本手冊提供一個簡單和適用的集合活動和冥想，幫助你
創建一個常規的當下覺知和冥想的練習。如果你沒有時間參加當下覺知的
冥想課程，本書是最佳的替代品。

　　《為好而改變》（*Changing for Good*），作者是 James Prochaska。書中探討
一個好的改變階段的細節，以及徹底穿越這過程的方式。如果你讀過本書
中改變的過程並且感興趣，你會發現《為好而改變》這本書提供完整且十
分詳盡的訊息，幫助你在生活中做出最好的改變。

參考文獻

Carrington, P. (2007). Modern forms of mantra meditation. In P. Lehrer, R. Woolfolk, & W. Sime (Eds.), *Principles and practice of stress management* (pp. 363-392). New York: Guilford Press.

Chafin, S., & Gerin, W. (2008). Improving cardiovascular recovery from stress with brief poststress exercise. *Health Psychology, 27*(Suppl. 1), S64-S72.

Cohn, M. A., Fredrickson, B. L., Brown, S. L., Mikels, J. A., & Conway, A. M. (2009). Happiness unpacked: Positive emotions increase life satisfaction by building resilience. *Emotion, 9*(3), 361-368.

Dainese, S. M., Allemand, M., Ribeiro, N., Bayram, S., Martin, M., & Ehlert, U. (2011, March). Protective factors in midlife: How do people stay healthy? *GeroPsych: The Journal of Gerontopsychology and Geriatric Psychiatry, 24*(1), 19-29.

Emmons, R. A., & McCullough, M. E. (2003). Counting blessings versus burdens: An experimental investigation of gratitude and subjective well-being in daily life. *Journal of Personality and Social Psychology, 84*(2), 377-389.

Friedberg, J. P., Suchday, S., & Srinivas, V. S. (2009). Relationship between forgiveness and psychological and physiological indices in cardiac patients. *International Journal of Behavioral Medicine, 16*, 205-211.

Forcier, K. (2006). Links between physical fitness and cardiovascular reactivity and recovery to psychological stressors: A meta-analysis. *Health Psychology, 25*(6), 723-739.

Froh, J. J., Sefick, W. J., & Emmons, R. A. (2008, April). Counting blessings in early adolescents: An experimental study of gratitude and subjective well-being. *Journal of School Psychology, 46,* 213-233.

Grossman, P., Niemann, L., Schmidt, S., & Walach, H. (2004). Mind fulness-based stress reduction and health benefits: A meta-analysis. *Journal of Psychosomatic Research, 57*(1), 35-43.

Kristeller, J. (2007). Mindfulness meditation. In P. Lehrer, R. Woolfolk, & W. Sime (Eds.), *Principles and practice of stress management* (pp. 393-427). New York: Guilford Press.

Kuppens, P., Realo A., & Diener, E. (2008). The role of positive and negative emotions in life satisfaction judgment across nations. *Journal of Personality and Social Psychology, 95*(1), 66-75.

Lyubomirsky, S., Sousa, L., & Dickerhoof, R. (2006, April). The costs and benefits of writing, talking, and thinking about life's triumphs and defeats. *Journal of Personality and Social Psychology, 90*(4), 692-708.

Maruta, T., Colligan, R. C., Malinchoc, M., & Offord, K. P. (2000, February). Optimists vs pessimists: Survival rate among medical patients over a 30-year period. *Mayo Clinic Proceedings, 75,* 140-143.

Moskowitz, J. T., Epel, E. S., & Acree, M. (2008). Positive affect uniquely predicts lower risk of mortality in people with diabetes. *Health Psychology, 27*(1, Suppl), S73–S82.

Ostir, G. V., Markides, K. S., Black, S. A., & Goodwin, J. S. (2000). Emotional well-being predicts subsequent functional independence and survival. *Journal of the American Geriatric Society, 48*(5), 473-8.

Peterson, C. (2000). The future of optimism. *American Psychologist, 55*(1), 44-45.

Peterson, C. (2006). *A primer in positive psychology.* New York: Oxford University Press.

Seligman, M. E. P. (2002). *Authentic happiness: Using the new positive psychology to realize your potential for lasting fulfillment.* New York: Free Press.

Shapiro, S. L., Brown, K. W., & Biegel, G. M. (2007). Teaching selfcare to caregivers: Effects of mindfulness-based stress reduction on the mental health in therapists in training. *Training and Education in Professional Psychology, 1*(2), 105-115.

Sime, W. (2007). Exercise therapy for stress management. In P. Lehrer, R. Woolfolk, & W. Sime (Eds.), *Principles and practice of stress management* (pp. 333-353). New York: Guilford Press.

Taylor, S. E. (2011). *Health Psychology* (8th ed.). Boston: McGraw-Hill Higher Education.

Wood, A. M., Joseph, S., Lloyd, J., & Atkins, S. (2009). Gratitude influences sleep through the mechanism of pre-sleep cognitions. *Journal of Psychosomatic Research, 66*(1), 43-48.

筆記欄

國家圖書館出版品預行編目（CIP）資料

悠哉樂活：壓力管理的八把金鑰／Elizabeth Anne Scott
　　著；潘正德譯. -- 初版. -- 新北市：心理, 2018.06
　　面； 公分. --（輔導諮商系列；21121）
　　譯自：8 Keys to stress management: simple and effective
　　　　　strategies to transform your experience of stress
　　ISBN 978-986-191-828-0（平裝）

　1.壓力　2.抗壓

176.54　　　　　　　　　　　　　　　　　　　　107007051

輔導諮商系列 21121

悠哉樂活：壓力管理的八把金鑰

作　　者：Elizabeth Anne Scott
譯　　者：潘正德
執行編輯：陳文玲
總 編 輯：林敬堯
發 行 人：洪有義
出 版 者：心理出版社股份有限公司
地　　址：231 新北市新店區光明街 288 號 7 樓
電　　話：(02)29150566
傳　　真：(02)29152928
郵撥帳號：19293172 心理出版社股份有限公司
網　　址：http://www.psy.com.tw
電子信箱：psychoco@ms15.hinet.net
駐美代表：Lisa Wu（lisawu99@optonline.net）
排 版 者：菩薩蠻數位文化有限公司
印 刷 者：辰皓國際出版製作有限公司
初版一刷：2018 年 6 月
Ｉ Ｓ Ｂ Ｎ：978-986-191-828-0
定　　價：新台幣 250 元